BERLINER SPAZIERGÄNGE

AF638047

Therese Schneider

# BERLINER *Spaziergänge*

Die schönsten Wege durch die Stadt

BeBra Verlag

MIX
Papier | Fördert gute Waldnutzung
FSC® C106600
FSC www.fsc.org

Stand der Informationen: Juli 2023

Bibliografische Information der Deutschen Nationalbibliothek
Die Deutsche Nationalbibliothek verzeichnet diese Publikation in der Deutschen Nationalbibliografie; detaillierte bibliografische Daten sind im Internet über http://dnb.d-nb.de abrufbar.

Alle Rechte vorbehalten.
Dieses Werk, einschließlich aller seiner Teile, ist urheberrechtlich geschützt. Jede Verwertung außerhalb der engen Grenzen des Urheberrechtsgesetzes ist ohne Zustimmung des Verlages unzulässig und strafbar. Das gilt insbesondere für Vervielfältigungen, Übersetzungen, Mikroverfilmungen, Verfilmungen und die Einspeicherung und Verarbeitung auf DVDs, CD-ROMs, CDs, Videos, in weiteren elektronischen Systemen sowie für Internet-Plattformen.

© 2023 BeBra Verlag GmbH
Asternplatz 3, 12203 Berlin
post@bebraverlag.de
Lektorat: Marijke Leege-Topp, Berlin
Umschlag: fernkopie, Berlin (Foto: Therese Schneider)
Innengestaltung und Satz: Therese Schneider, Berlin
Schrift: Proforma 9,6/12,5 pt
Druck und Bindung: DZS Grafik, d.o.o., Ljubljana
ISBN 978-3-8148-0284-8

www.bebraverlag.de

# Inhalt

*Am Orankesee*

# Vorab

Die natürliche, die angeborene, die übliche Art der menschlichen Fortbewegung ist das Gehen. Es gibt sie auch in der beschleunigten Form des Rennens, was freilich sehr viel anstrengender ist und eher in Ausnahmesituationen stattfindet.

Das Gehen blieb alternativlos, ehe es Hilfsmittel wie Reittier und Fahrzeug gab. Sie haben die Fortbewegung beschleunigt, ausdauernder gemacht und ermöglichten es, größere Entfernungen zu überwinden. Das Gehen konnten sie zu keiner Zeit ersetzen, lediglich dessen Umstände und Anlässe änderten sich.

Gehen kann Arbeit sein oder Arbeit begleiten. Gehen beinhaltet ein Sich-Bewegen von einer Stelle zu einer anderen. Letzteres muss nicht zwingend vorgegeben sein, zumal die technischen Fortbewegungsmittel es mit sich bringen, dass Gehen auch als Ausgleich stattfinden kann, als Erholung und als Selbstzweck.

Die übliche Bezeichnung hierfür ist das Spazieren. Es kann in freier Natur stattfinden, da jemand die Enge der Stadt fliehen möchte, doch ebenso kann es innerhalb einer Stadt geschehen. Letzteres hat zu tun mit der sich wandelnden Gestalt der Stadt wie auch mit dem Verhalten und Bewusstsein ihrer Bewohner.

*Schlosspark Charlottenburg*

Noch bis ins 19. Jahrhundert lebten die Menschen mehrheitlich in ländlichen Milieus. Üblicher Wohnort war das Dorf, die Stadt blieb die Ausnahme, die reicher und wohlhabender sein konnte und mehr Schutz bot, sie konnte auch eng, schmutzig und armselig sein. Das klassische wie auch das romantische Zeitalter flohen die Stadt und priesen die Aufenthalte in freier Natur. Friedrich Schiller schrieb unter dem Titel »Der Spaziergang« einen ausufernd langen Hymnus, der so anhebt:

> Sei mir gegrüßt, mein Berg mit dem rötlich strahlenden Gipfel!
> Sei mir, Sonne, gegrüßt, die ihn so lieblich bescheint!
> Dich auch grüß ich, belebte Flur, euch, säuselnde Linden,
> Und den fröhlichen Chor, der auf den Ästen sich wiegt ...

Das romantische Zeitalter ist vorüber. Heute lebt die Hälfte aller Menschen in Städten, in Deutschland sind es neun Zehntel. Die Stadt wurde als gegebener Aufenthaltsort akzeptiert, auch ersehnt und gesucht. Ein frühes lyrisches Beispiel liefert Hugo von Hofmannsthal, seine Verse tragen den Titel »Spaziergang«:

> Ich ging durch nächtige Gassen
> Bis zum verstaubten Rand

*Spreeufer in Charlottenburg*

Der großen Stadt. Da kam ich
An eine Bretterwand

Auf einem öden Wall von Lehm.
Ich konnt nicht weiter gehen
Noch auch im klaren vollen Licht
Des Monds hinüber spähen.

Den Wanderer in freier Natur gibt es immer noch. Eine gesamte Industrie existiert, die dergleichen anbietet und betreibt. Daneben aber gibt es den Stadtspaziergänger, den Flaneur.

Das Wort kommt aus Frankreich. »Der Flaneur (aus französisch *flaner* ›umherstreifen, umherschlendern‹) ist ein Mensch, der im Spazierengehen schaut, genießt und planlos umherschweift – er flaniert«, sagt das Lexikon. »Der Flaneur lässt sich durch die Menge treiben, schwimmt mit dem Strom, hält nicht inne, grüßt andere Flaneure obenhin. Der Flaneur ist intellektuell und gewinnt seine Reflexionen aus kleinen Beobachtungen ...«

Um dies alles tun und sich so verhalten zu können, bedarf es einer gewissen Unabhängigkeit. Der Flaneur ist kein ganz armer Mensch.

Wandern in freier Natur war und ist ein häufiges Motiv der schönen Literatur. Auch den Flaneur gab und gibt es literarisch, zunächst in Frankreich,

*Schloss Charlottenburg*

wo er, zumal in Paris, häufig vorkam. Die Autoren gehören zur Avantgarde des 19. Jahrhunderts, Leute wie Charles Baudelaire und Gustave Flaubert.

Nun ist Stadt nicht gleich Stadt. In Deutschland finden sich Kommunen, die keine tausend Einwohner zählen und trotzdem Stadtrecht besitzen. Die Kleinstadt wurde selbst von den natursüchtigen Romantikern gemocht. Jene Stadt, die sie verabscheuten und flohen, war die Großstadt. Die aber ist Lebens- und Bewegungsraum des Flaneurs; in Frankreich stand dafür vorrangig Paris, während es hierzulande als erste und bis heute größte die Hauptstadt Berlin war.

Im Jahre 1929 veröffentlichte der 1880 geborene Schriftsteller Franz Hessel einen Band mit dem Titel »Spazieren in Berlin«, eine Sammlung von Impressionen aus der damaligen Stadt. Es geht darin um Menschen und Straßen, um Architektur, Kultur und Historie. »Langsam durch belebte Straßen zu gehen, ist ein besonderes Vergnügen. Man wird überspielt von der Eile der anderen, es ist ein Bad in der Brandung«, heißt es da. »Ich möchte beim Ersten Blick verweilen. Ich möchte den Ersten Blick auf die Stadt, in der ich lebe, gewinnen oder wiederfinden.«

Hessels Zeitgenosse, der Kulturhistoriker Walter Benjamin, rühmte Hessels Texte, sein Aufsatz trägt den Titel »Wiederkehr des Flaneurs«:

»›Spazieren in Berlin‹ ist ein Echo von dem, was die Stadt dem Kinde von früh auf erzählte. Ein ganz und gar episches Buch, ein Memorieren im

Schlendern, ein Buch, für das Erinnerung nicht die Quelle, sondern die Muse war«, sagt er. »Die Stadt als mnemotechnischer Behelf des einsam Spazierenden, sie ruft mehr herauf als dessen Kindheit und Jugend, mehr als ihre eigene Geschichte. Was sie eröffnet, ist das unabsehbare Schauspiel der Flanerie, das wir endgültig abgesetzt glaubten.«

Unser Buch versucht, an Hessels Verfahren anzuschließen. Seine Spaziergänge unmittelbar zu wiederholen, erbrächte wenig: die einstigen Eindrücke stellen sich nicht mehr her, die geschilderten Objekte sind großenteils verschwunden, und was heute dort existiert, ist nicht unbedingt erwähnenswert. Der Wert seines Buches besteht auch darin, dass es Untergegangenes aufbewahrt, als eine Art literarischer Archäologie.

Immerhin darin versuchen wir ihm zu folgen. Wir bieten neun Berliner Spaziergänge an, der einzelne beansprucht einen halben bis ganzen Tag. Anders als bei Hessel sind unseren Texten Fotos zugeordnet, anders als bei Hessel sind auch infrastrukturelle Angaben zu lesen. Wir haben nichts Feuilletonistisch-Schöngeistiges angestrebt, sondern einen praktikablen Reiseführer.

Bei Hessel heißt es noch:

»Wir wollen es uns zumuten, wir wollen ein wenig Müßiggang und Genuss lernen und das Ding Berlin in seinem Neben- und Durcheinander von Kostbarem und Garstigem, Solidem und Unechtem, Komischem und Respektablem so lange anschauen, liebgewinnen und schön finden, bis es schön ist.«

Eben dies wollen wir auch.

# 1 Rund um den Weissen See

## *Rundgang durch Weißensee*

*Ufer des Weißen Sees*

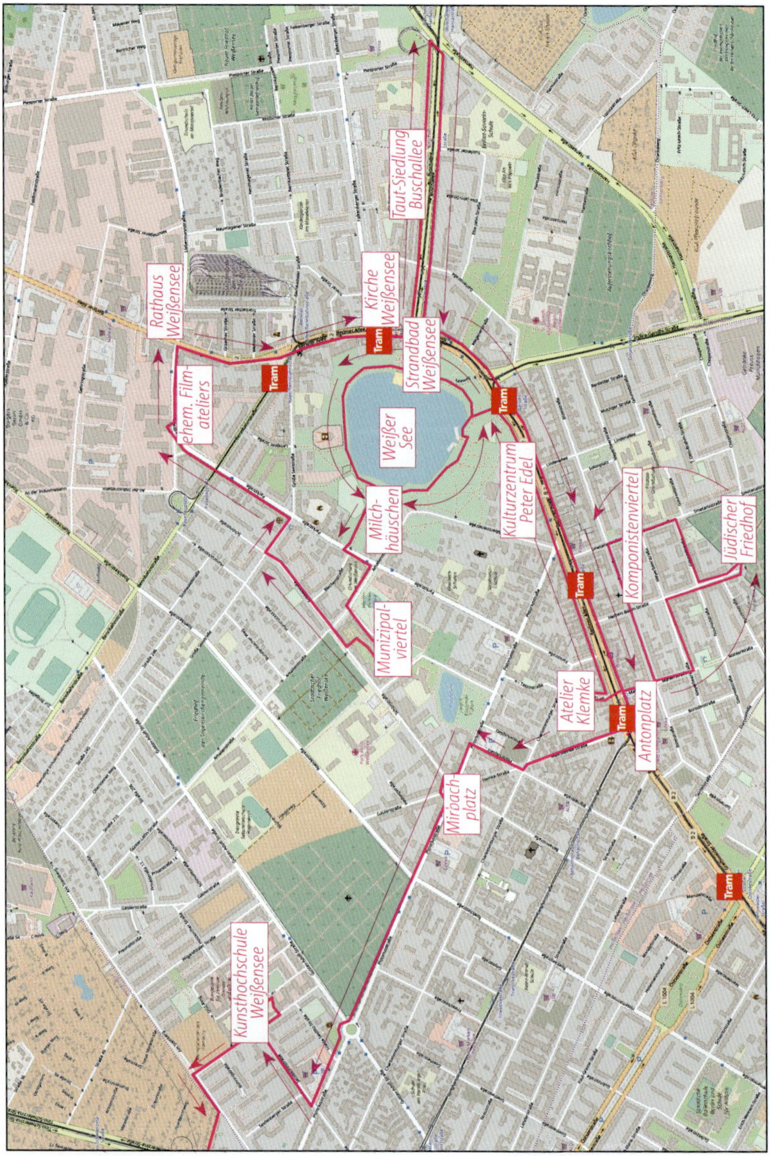
Rathaus Weißensee
ehem. Filmateliers
Kirche Weißensee
Taut-Siedlung Buschallee
Strandbad Weißensee
Weißer See
Milchhäuschen
Kulturzentrum Peter Edel
Komponistenviertel
Jüdischer Friedhof
Munizipalviertel
Atelier Klemke
Antonplatz
Mirbachplatz
Kunsthochschule Weißensee
Tram

**SPAZIERGANG KOMPAKT**

**Anreise:** Tram M4

**Start:** Antonplatz

**Ziel:** Haltestelle Am Steinberg

**Abreise:** Tram M1

**Streckenlänge:** 9,6 km

**Verlauf:** Antonplatz, Mahlerstraße, Bizetstraße, Smetanastraße, Gounodstraße, Herbert-Baum-Straße, Meyerbeerstraße, Mahlerstraße, Tassostraße, Berliner Allee, Parkstraße, Amalienstraße, Woelckpromenade, Schönstraße, Große Seestraße, Parkstraße, Liebermannstraße, Berliner Allee, Buschallee, Berliner Allee, Max-Steinke-Straße, Pistoriusplatz, Pistoriusstraße, Mirbachplatz, Pistoriusstraße, Hamburger Platz, Jacobsohnstraße, Bühringstraße, Am Steinberg

**Besichtigung:** Kino Toni, Antonplatz, Komponistenviertel, Jüdischer Friedhof, Atelier Klemke, Park Weißensee, Uferumrundung Weißer See, Grundschule am Weißen See, Munizipalviertel, Ateliers Liebermannstraße, Bruno-Taut-Bauten Buschallee, Kunsthochschule Weißensee

**Einkehrmöglichkeiten:** Milchhäuschen am Weißen See

**Bademöglichkeiten:** Strandbad Weißensee am Weißen See

Es ist Hochsommer. Ferienzeit. Die Stadt wirkt menschenleer. Wir machen uns auf den Weg in den Nordosten der Stadt.

Mit der Straßenbahn M4 fahren wir von der Stadtmitte aus etwa zwanzig Minuten in Richtung Nordosten und steigen schließlich an der Haltestelle Antonplatz aus.

**WEISSENSEE**, heute ein Ortsteil von Pankow, gründete sich im 13. Jahrhundert als Siedlung an einer wichtigen, nach Norden verlaufenden Handelsstraße; heute ist dies die Berliner Allee, die am Ostufer des Weißen Sees entlangführt. Der, eiszeitlichen Ursprungs, ist mit seinen mehr als zehn Metern Maximaltiefe der siebtgrößte See im heutigen Berliner Stadtgebiet. Sein Fischreichtum war Ernährungsgrundlage früherer Bewohner. Ein erhaltenes Zeugnis aus jener Zeit ist der Turm der spätgotischen Dorfkirche.

Der Ort prosperierte dann und wuchs. Thomas von Blankenfeld, Spross eines Patriziergeschlechts, das (ihn eingeschlossen) mehrere Berliner Bürgermeister stellte, wurde im 15. Jahrhundert erster Gutsherr von Weißensee. In der Folgezeit kam es zu mehreren Besitzerwechseln, Weißensee wurde Rit-

*Berliner Allee am Park Weißensee*

tergut. Zum Ende des Dreißigjährigen Krieges lebten bloß noch drei Familien hier im Ort. Weißensee brauchte lange Zeit, um sich von den Kriegsfolgen zu erholen.

1804 begannen die Arbeiten an der Provinzial-Chaussee, die eigentlich von Berlin nach Bernau führen sollte. Wegen Geldmangels endete der Bau schon in Weißensee. Einen wichtigen Anstoß erhielt die örtliche Wirtschaft durch den Kaufmann und Landwirt Johann Pistorius, der 1817 eine Apparatur für das Brennen von Kartoffelschnaps erfand. Das Getränk konnte damit einfach und billig hergestellt werden, den benötigten Rohstoff bezog Pistorius von den Äckern des Rittergutes Weißensee, das er 1821 erworben hatte. Seine Technik fand rasch Nachahmer. Es kam dem Kartoffelanbau in Brandenburg zugute.

In der zweiten Jahrhunderthälfte erwarb das Rittergut Gustav Adolf Schön, Sohn eines Hamburger Großreeders. Die wachsende Stadt Berlin suchte Baugrund. Schön besorgte sich die erforderlichen Geldmittel bei seiner Familie und dem Bankhaus Magnus, teilte das Gutsgelände auf und verkaufte die einzelnen Parzellen. Da er außerdem von dem Baugeschehen profitieren wollte, gründete er zusammen mit Teilhabern ein entsprechendes Unternehmen. Heute erinnern mehrere Straßennamen in Weißensee an Schöns Familie und an seine Geschäftspartner.

*Alte Apotheke, Dorfkirche und Rathaus in Weißensee*

Vor uns liegt der Antonplatz, um 1874 angelegt und nach einem Bruder Gustav Adolf Schöns benannt. Rundum stehen Gründerzeitbauten. Die Berliner Allee durchschneidet den Platz, das denkmalgeschützte Gebäude mit einem Kino namens »Toni« existiert seit 1920.

**KINO TONI:** Das hieß ursprünglich »Decla-Lichtspiele« und zeigte zunächst Stummfilme. Später übernahm die UFA das Haus, 1947 pachtete es ein Mann namens Herbert Bendel, als letzter privater Kino-Pächter in Ost-Berlin. Er blieb es bis 1979, dann wurde das Kino verstaatlicht. 1992, drei Jahre hatte es inzwischen leer gestanden, erwarb es der renommierte Münchner Filmregisseur Michael Verhoeven, er sanierte es und eröffnete eine weitere kleinere Spielstätte mit Namen »Tonino«. 2015 erhielt das Haus einen neuen Besitzer. Die Weiterführung des Kinobetriebs war bei der Übernahme Bedingung, der Antonplatz bleibt somit Lichtspielstandort.

Wir überqueren die Berliner Allee in Richtung Süden. Wir gehen ein paar Schritte und befinden uns im sogenannten Komponistenviertel.

**KOMPONISTENVIERTEL:** Ursprünglich hieß es Französisches Viertel, da die Straßen nach Städten benannt waren, die im Frankreichfeldzug von 1870/71 Schauplatz deutscher Siege gewesen waren. 1951 erfolgte die Umbenennung.

*Kino Toni am Antonplatz*

Wie andere Altbaugebiete in der DDR verfiel das Quartier, erst nach der deutschen Wiedervereinigung begannen Sanierungsmaßnahmen. Heute tragen die Gebäude frische, freundliche Farben, es gibt Vorgärten und begrünte Balkons, es gibt freundliche Cafés, und die Gegend lädt zum Flanieren ein. Wir gehen eine Weile umher. Wir kommen zur Herbert-Baum-Straße. Sie ist benannt nach einem jüdisch-kommunistischen Widerstandskämpfer, der 1942 hingerichtet worden ist. Die Straße endet am Jüdischen Friedhof Weißensee, den es seit 1880 gibt und der mit einer Fläche von 42 Hektar die größte jüdische Begräbnisstätte in ganz Europa ist.

Wir kehren zurück zur Berliner Allee, überqueren sie und biegen ein in die Tassostraße. Im Haus Nummer 21 lebte und arbeitete bis zu seinem Tode der Grafiker Werner Klemke. Aus Anlass seines 100. Geburtstages wurde für ihn eine Gedenktafel angebracht.

**WERNER KLEMKE:** »Er war einer der bedeutendsten Buchkünstler der DDR und mit Sicherheit einer der beliebtesten«, wurde 2017 gesagt. Er hat unglaubliche 835 Bücher illustriert, dazu Briefmarken, Plakate, Postkarten entworfen und dreißig Jahre lang Cover für die monatlich erscheinende Unterhaltungszeitschrift »Das Magazin« gestaltet. Auch wegen der darin enthaltenen Aktfotografien war sie das vermutlich begehrteste Druckerzeugnis

*Zwei Gründerzeitbauten im Komponistenviertel, Eingang zum Jüdischen Friedhof*

in der prüden DDR. Klemkes Markenzeichen war der in jedem der Cover untergebrachte kleine schwarze Kater.

Geboren 1917 in der damals noch selbstständigen Ortschaft Weißensee, zeigte sich sein Zeichentalent schon früh. Während seiner Schulzeit am Kölnischen Gymnasium lernte er Kunst und Literatur des Altertums kennen, das Interesse dafür blieb ihm lebenslang erhalten. Die Ausbildung zum Zeichenlehrer brach er ab, 1937 begann er eine Tätigkeit als Trickfilmzeichner. 1939 wurde er eingezogen, 1946 kehrte er aus kurzer Kriegsgefangenschaft nach Berlin zurück. Er verfertigte zunächst kunsthandwerkliche Gelegenheitsarbeiten, es folgten Zeichnungen für Zeitschriften wie Ulenspiegel, Neue Berliner Illustrierte und Frischer Wind, 1948 schuf er seine erste Buchgestaltung: Illustrationen zu einem Text Georg Weerths. Sie wurden sein Durchbruch. Ab 1953 lehrte er an der Hochschule für Bildende und Angewandte Kunst in Berlin-Weißensee, 1956 wurde er dort Professor für Buchgrafik und Typografie. Er war Mitbegründer der bibliophilen Pirckheimer Gesellschaft, Mitglied der DDR-Akademie der Künste und erhielt zahlreiche Auszeichnungen.

Von schöner Literatur war er besessen. Er las viel, seine Privatbibliothek umfasste geschätzt dreißigtausend Bände. Er war ein unermüdlicher Arbeiter. »Ich liebe meinen Beruf sehr, und meine Kinder beneiden mich um ihn«, sagte er von sich. Sein Stil war unverwechselbar, eine von ihm bevorzugte

*Gründerzeitbau Herbert-Baum-Straße, Atelier Klemke, Gründerzeitbau Smetanastraße*

Technik war der Holzstich. Als Zeichner für junge Leute war er besonders populär: durch von ihm gestaltete Schulfibeln, durch seine Illustrationen zu den Märchen der Gebrüder Grimm, durch die Kinderbücher »Hirsch Heinrich« und »Das Wolkenschaf«.

Gestorben ist er 1994. Begraben liegt er auf dem St.-Hedwigs-Friedhof in Weißensee. Den Nachlass erhielt, wie von ihm gewünscht, das Klingspor-Museum in Offenbach. Zwei seiner fünf Kinder betreuen bis heute sein Atelier.

Durch einen Zufallsfund im Archiv der Synagoge von Bussum wurde 2011 ein bis dahin unbekannter Abschnitt seiner Biografie bekannt.

1944 war er Wehrmachtssoldat in Amsterdam. Über eine Antiquariatsbuchhandlung kam er in Kontakt mit dem niederländischen Widerstand. Unterstützt von einem Freund begann er für Verfolgte Ausweispapiere zu fälschen. »Etwa 300 Menschen«, so ein Zeitungsbericht, »sollen Klemke, sein Freund Gerhardt, der 1944 bei einem Fliegerangriff starb, und ihre kleine holländisch-deutsche Widerstandsgruppe gerettet haben. Nicht nur Juden, auch politische Flüchtlinge und Deserteure. Es ist eine Heldengeschichte …« Klemke selbst hat nie darüber gesprochen.

Zurück auf der Berliner Allee begeben wir uns zum Weißen See. Wir kommen vorbei an der alten Flora-Apotheke und dem Gebäude des ehemaligen Kulturhauses Peter Edel, das mit Graffiti bedeckt ist und verfällt. Wir gehen

*Park Weißensee*

durch den Park am Weißen See. Es herrscht buntes Wochenendtreiben. Familien sind unterwegs, Rentner sitzen auf Bänken, Hunde hetzen umher. Auf dem See liegt Sonnenlicht, durch das Wasser gleiten Ruderboote. Einst ließ der Schnapsbrenner Pistorius diesen Park als Gutsgarten anlegen, ein späterer Besitzer, Regierungsrat Friedrich Wilhelm Lüdersdorff, ließ das schlossartige Gutshaus errichten. Der Brauer Rudolf Sternecker eröffnete hier einen Vergnügungspark mit Tanzsälen, Rutschbahn, Karussells, Musikpavillon und, natürlich, mit Bierschänken. Das Schloss steht nicht mehr. Es brannte 1919 nieder. Geblieben ist das 1912 eröffnete Freibad, Problem nur: Der Wasserspiegel sinkt beharrlich, der See hat keinen natürlichen Zufluss, und durch die Versiegelung des umgebenden Bodens gibt es kaum Sickerwasser. Privatinitiativen versuchen, etwas dagegen zu tun.

Gestern, Sonntag, wo ich von sechs an frei hatte, war ich nach langer Zeit mal wieder in einem Tanzlokal. Mit der Ernestine von Niqué. Wir waren vor einem Jahr mal bei derselben Wirtin einlogiert und verkehren seitdem über lang mal zusammen. Eigentlich ist sie mir ein bisschen zu jung – kaum neunzehn – und etwas allzu fahrig und flatterig. Aber sie hatte mich schon lange gebeten, mal mit ihr zu gehen, und so nahm ich sie den Sonntag mit nach Weißensee zum Sternecker.

*Kulturhaus »Peter Edel«, Grundschule am Weißen See, Park Weißensee*

> (…)
> Da draußen im Sternecker ist das Berlin O zu stark vorherrschend. Osten im Sonntagsgewand. Durch Patschuli und andere billige »Wohlgerücher« hindurch spürt man den Geruch des Schweißes, der dem Kontingent der Besucher Werktags anhaftet, womit ich nun nicht gesagt haben will, dass mich der »Duft der Arbeit« an sich abstößt; dazu bin ich doch eine zu gute Demokratin. Aber man gewöhnt sich gar zu leicht an allerhand Äußerlichkeiten.
> Ich ging, wie gesagt, auch eigentlich nur Ernestinens wegen hin.
>
> *(Mieze Biedenbach: »Erinnerungen einer Kellnerin«)*

**GRUNDSCHULE AM WEISSEN SEE:** Hinter dem Park verläuft die Parkstraße. Der Bau der Grundschule am Weißen See, von 1929 bis 1931 ausgeführt nach Plänen von R. Mettmann im Stil der Neuen Sachlichkeit, wurde durch Spenden der beiden Arbeiterparteien SPD und KPD finanziert. Sie besaß eine höchst komfortable Ausstattung: zwei Turnhallen, einen Zeichensaal, Werkräume, Duschanlagen, Fahrradkeller. Der Unterricht erfolgte in gemischten Klassen, ungewöhnlich in jener Zeit der schulischen Geschlechtertrennung. Das alles gab es bis 1933, die Nazis machten dem ein Ende. Nach 1945 war das

*Innenhof Woelckpromenade*

Gebäude Lazarett, in der DDR-Zeit dann wieder Schule, heute steht es unter Denkmalschutz und harrt einer gründlichen Sanierung.

Wir gehen zur Amalienstraße. Sie heißt nach einer Cousine des Bauunternehmers Gustav Adolf Schön. Wir gehen weiter bis zur Woelckpromenade.

**MUNIZIPAL-VIERTEL:** Zu Beginn des 20. Jahrhunderts begannen hier umfangreiche Bautätigkeiten. Ein neues Ortszentrum sollte entstehen, das Munizipal-Viertel, die Planungen übernahm der Gemeindenbaurat Carl James Bühring. Er entwarf ein Verwaltungszentrum und eine Wohnanlage für solventes Publikum, als Gegensatz zu den düsteren Mietskasernen der Berliner Innenstadt. Die Backsteinarchitekturen sind größtenteils erhalten und stehen unter Denkmalschutz. Bühring ging später nach Leipzig, wo er das städtische Bauamt übernahm und maßgeblich zur städtebaulichen Entwicklung beitrug.

Wir flanieren durch die frei zugänglichen Innenhöfe der Wohnanlage. Es ist üppig grün hier. Nur Vogelgezwitscher unterbricht die Stille. Wir verlassen die Höfe und gehen über Blechen- und Schönstraße zur Liebermannstraße.

*Ehemalige Filmateliers*

**FILMSTADT WEISSENSEE:** In den 1910er Jahren suchte die expandierende Berliner Filmindustrie nach bezahlbarem Gelände. Die Produktionen waren anspruchsvoller geworden, und es wurden größere Produktionsorte benötigt. Man fand sie am Stadtrand, in Babelsberg und in Weißensee. In der heutigen Berliner Allee und der heutigen Liebermannstraße pachtete die Deutsche Vitascope Gesellschaft Grundstücke und begann dort mit Dreharbeiten. Den ersten Film, »Der Hund von Baskerville« nach Edgar Wallace, produzierte Regisseur Rudolf Meinert im Jahre 1914.

Wichtige Filmkarrieren begannen hier. Fritz Lang führte 1919 Regie in dem Film »Halbblut«. G. W. Pabst drehte 1926 »Geheimnisse einer Seele«. Marlene Dietrich stand mit Emil Jannings und Curt Goetz vor der Kamera, der Film hieß »Tragödie der Liebe«. Die Berliner Chansonette Claire Waldoff spielte 1915 in »Mieze Strempels Werdegang«. Harry Piel, damals ein bekannter Filmautor und Produzent, drehte 1928 den letzten Film in den Weißenseer Studios.

Auch Joe May hat in Weißensee inszeniert. Er hieß eigentlich Joseph Mandel, stammte aus Wien und begann 1914 als Joe May (der Nachname stammte von seiner Frau Mia) bei der Berliner Continental-Film zu arbeiten. Er war bald erfolgreich und gründete eine eigene Herstellungsgesellschaft. Für seine aufwendigen Filme war das Gelände in Weißensee zu klein. Er wurde fündig in einem anderen Randgebiet: dem südöstlich Berlins gele-

*Architektur in der Buschallee, ehemaliger Brecht-Weigel-Wohnsitz, Architektur in der Buschallee*

genen Woltersdorf, wo er 1918 eine neue »Filmstadt« bauen ließ. Dort entstanden Abenteuer- und Historienfilme, wie »Veritas vincit«, das achtteilige Werk »Die Herrin der Welt« und der Zweiteiler »Das indische Grabmal«. Der Stoff wurde später noch zweimal verfilmt. Das Drehbuch der Erstfassung schrieben Fritz Lang und dessen damalige Ehefrau Thea von Harbou.

May emigrierte 1933 nach Hollywood. An seine früheren Erfolge konnte er dort nicht anknüpfen – anders als der inzwischen durch eigene Regiearbeiten (»M«, »Metropolis«) berühmt gewordene Fritz Lang, der sehr viel später in Kalifornien eintraf. Dessen Ex-Frau Thea von Harbou machte derweil im Nazi-Filmgeschäft Karriere. 1954 ist sie in Berlin gestorben, im gleichen Jahr wie Joe May, nach dem der Platz an der Park-, Ecke Liebermannstraße in Weißensee benannt wurde. In der Liebermannstraße 24–28 stehen als Zeugnisse jener frühen Filmzeit die backsteinernen Ateliergebäude. Sie werden inzwischen von bildenden Künstlern genutzt.

Wir gehen bis zur Berliner Allee, biegen rechts ab und kommen vorbei an einer neoklassizistischen Villa, die Bertolt Brecht und Helene Weigel von 1949 bis 1953 bewohnten. Wir kommen zur Buschallee mit der Taut-Siedlung.

**BRUNO TAUT:** Der 1881 geborene Bruno Taut erhielt seine Ausbildung auf der Königsberger Baugewerkschule und arbeitete danach in verschiedenen

*Architektur in der Buschallee*

Unternehmen. 1908 eröffnete er mit dem Berliner Architekten Franz Hoffmann ein gemeinsames Büro, nebenher studierte er Kunstgeschichte und Städtebau und war zudem als Bühnenbildner tätig. Es kam zu ersten Bauaufträgen. Während des 1. Weltkrieges – den Wehrdienst verweigerte er – und nach 1918 engagierte er sich in Magdeburg bei der »Gartenstadt-Kolonie Reform«. Zurückgekehrt nach Berlin übernahm er in den folgenden acht Jahren, zusammen mit Hoffmann und seinem Bruder Max, mehrere wichtige Aufträge: den Bau der Siedlung Schillerpark im Wedding, der »Hufeisensiedlung« in Britz, Teile der Siedlung »Freie Scholle« in Tegel, der »Wohnstadt Carl Legien« in Prenzlauer Berg und der Waldsiedlung »Onkel Toms Hütte« in Zehlendorf. Insgesamt schuf er rund zwölftausend Wohnungen. 1930 übetrug ihm die Technische Hochschule Berlin eine Professur, die er lediglich bis 1933 wahrnehmen konnte. Er musste sein Lehramt aufgeben und ging ins Ausland, zunächst nach Japan, dann in die Türkei, wo er an der Akademie in Istanbul lehrte und als Architekt tätig war. Er starb 1938.

Seine Pläne für die Wohnhäuser Buschallee 8–49 und 50–107 folgten dem Stil des Neuen Bauens. Wichtige Vertreter dieser internationalen Richtung waren Alvar Aalto, Le Corbusier, Walter Gropius, Adolf Loos, Erich Mendelsohn, Hannes Meyer, Bruno Paul, Ludwig Mies van der Rohe, Gerrit Rietveld, Hans Scharoun, Mart Stam und eben die Brüder Bruno und Max Taut. Es sollte sozial verantwortungsvoll, einfach, schnörkellos und sachlich gebaut werden,

*Wegweiser, Bethanienkirche am Mirbachplatz, Kunsthochschule Weißensee*

unter Einsatz neuer oder neuartig verwendeter Werkstoffe wie Glas, Stahl und Beton. Durch Rationalisierung, neue Techniken und Standards sollten Kosten und Bauzeit sinken. Die miefigen, dunklen Zinskasernen der Gründerzeit sollten abgelöst werden durch lichte, gut belüftete Wohngebäude.

Die von Taut für die Buschallee entworfenen Bauten entstanden zwischen 1928 und 1930. Sie erstrecken sich auf einer Länge von etwa einem Kilometer. Charakteristisch sind die breiten Loggien zur Straßenseite hin, jeweils an der Ecke eines Häuserriegels stehen einstöckige Ladengebäude. Die für Taut charakteristische, sehr intensive Farbgebung der Fassaden ist nach Himmelsrichtung geordnet: teils beige, teils dunkelrot, teils graugrün, teils weiß. Ende der 1990er Jahre erfolgten Sanierungsarbeiten. Viele der Häuser stehen unter Denkmalschutz.

Mit der M4 fahren wir zurück zum Antonplatz. Wir gehen über die Max-Steinke-Straße, den Mirbachplatz, die Pistoriusstraße und die Jacobsohnstraße zur Bühringstraße. Es ist ziemlich still hier, wir sehen hübsche Vorgärten. Wir beschließen unseren Ausflug an der Kunsthochschule Weißensee.

**KUNSTHOCHSCHULE WEISSENSEE:** 1946 wurde sie gegründet, von Künstlern, die dem Bauhaus von Weimar und Dessau nahestanden, im Gebäude einer ehemaligen Schokoladenfabrik. Mart Stam amtierte von 1950 bis 1952 als

*Orientierungssystem, Wandfries und Foyer der Kunsthochschule Weißensee*

Direktor. Der niederländische Architekt und Designer war unter anderem dafür bekannt, dass er 1926 den ersten funktionstüchtigen Freischwinger-Stuhl entworfen hatte; in Weißensee lehrte neben ihm die renommierte Bauhaus-Designerin Marianne Brandt.

Dies alles endete mit der von der SED betriebenen Formalismus-Diskussion. Abstrakte Kunst galt nunmehr als bürgerlich-kosmopolitisch und volksfremd und war verfemt. 1953 musste Stam die DDR verlassen.

In den 1950er Jahren erfolgte eine Umgestaltung des Gebäudes. Verwendet wurden auch Trümmerziegelsteine. 1956 konnte die Schule wieder einziehen. Markant sind die Wandfriese der Eingangstür mit Darstellungen aller Fachrichtungen des Instituts. Sie, wie andere Gebäudeteile, wurden inzwischen saniert und stehen unter Denkmalschutz.

Gegenwärtig ist Semesterpause. Wir gehen durch das menschenleere Schulgebäude. Der Tag ist inzwischen weit fortgeschritten. Wir begeben uns zur Haltestelle der M1 am Steinberg und fahren zurück in die Innenstadt.

## ADRESSEN ZUR TOUR

**Kunsthochschule Berlin-Weißensee**
Bühringstraße 20
13086 Berlin
Telefon: 030-47 70 50
E-Mail: sekretariat.rektorin@kh-berlin.de
www.kh-berlin.de

**Kino Toni & Tonino**
Antonplatz 1
13086 Berlin-Weißensee
Telefon: 030-927 91 200
E-Mail: kontakt@kino-toni.de
www.kino-toni.de

**Jüdischer Friedhof Berlin-Weißensee**
Herbert-Baum-Straße 45
13088 Berlin
Telefon: 030-925 33 30
www.jewish-cemetery-weissensee.org

**Atelier und Archiv Klemke**
Atelierleitung: Christine Klemke
Tassostraße 21
13086 Berlin
Telefon: 0176-554 74 926
E-Mail: info@atelier-klemke.de
www.atelier-klemke.de

**Atelierhaus I.D.E. GmbH**
Liebermannstraße 24–28
linke Hofeinfahrt
13088 Berlin-Weißensee
Telefon: 030-923 78 238

**Werkstätten Weissensee Gbr**
Liebermannstrasse 24 – 28
13088 Berlin
Telefon: 030-962 48 097
info@werkstaetten-weissensee.de
www.werkstaetten-weissensee.de

**Bildungs- und Kulturzentrum Peter Edel**
Berliner Allee 125
13088 Berlin
Telefon: 030-76 75 851 0
hwww.peteredel.de

**Dorfkirche Weißensee**
Berliner Allee 182
Gemeindebüro
Mirbachplatz 2
13086 Berlin
Telefon: 030- 960 66 790
E-Mail: buero@kirchengemeinde-weis-
sensee.de
www.kirchengemeinde-weissensee.de

**Strandbad Weißensee**
Berliner Allee 155
13088 Berlin
Telefon: 030-925 32 41
headquarter@strandbadweissensee.de
www.strandbadweissensee.de

**Milchhäuschen**
Café und Restaurant
Parkstraße 33A
13086 Berlin
Telefon: 030-927 11 44
E-Mail: info@milchhaeuschen-berlin.de
www.milchhaeuschen-berlin.de

Innenhof der Kunsthochschule Weißensee

# 2 Der verbotene Bezirk

## *Hohenschönhausen*

*Steg am Orankesee*

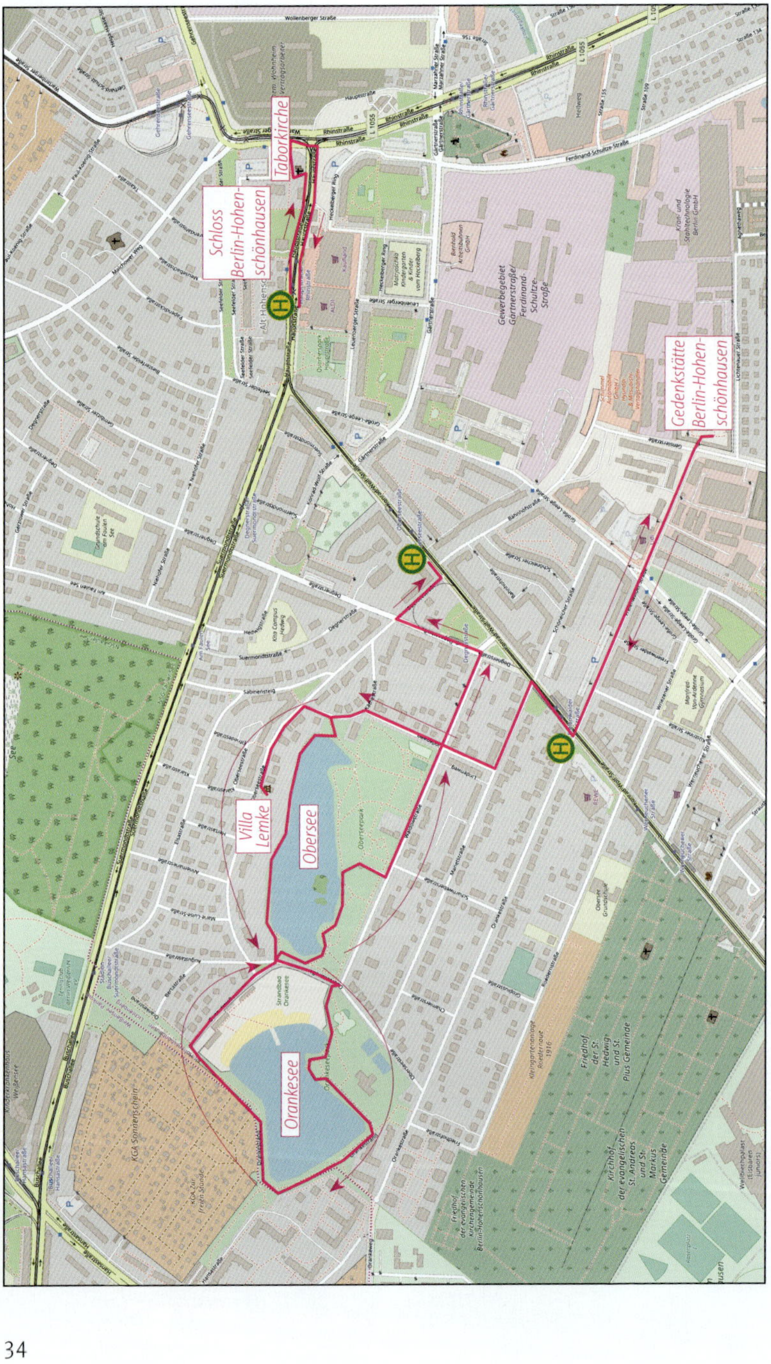
Taborkirche
Schloss Berlin-Hohen-schönhausen
Gedenkstätte Berlin-Hohen-schönhausen
Villa Lemke
Obersee
Orankesee

## SPAZIERGANG KOMPAKT

**Anreise:** Tram M5

**Start:** Haltestelle Hauptstraße/ Rhinstraße

**Ziel:** Konrad-Wolf-Straße

**Abreise:** M5, Haltestelle Freienwalder Straße

**Streckenlänge:** 4,6 km

**Verlauf:** Hauptstraße, Wartenberger Straße, Rhinstraße, Konrad-Wolf-Straße, Oberseestraße, Degner Straße, Waldowstraße, Oberseestraße, Orankestrand, Gertrudstraße, Oberseestraße, Käthestraße, Lindenweg, Manetstraße, Konrad-Wolf-Straße, Freienwalder Straße, Gensler Straße, Bahnhofstraße, Große-Leege-Straße, Schöneicher Straße, Konrad-Wolf-Straße

**Bademöglichkeiten:** Strandbad Orankesee

**Besichtigungen:** Schloss Hohenschönhausen, Taborkirche, Villenviertel am Oranke- und Obersee, Park um Ober- und Orankesee, Villa Lemke, Gedenkstätte Berlin-Hohenschönhausen

**Einkehrmöglichkeiten:** Restaurant Orankesee Terrassen

Spätsommer. Wir nehmen die Tram M5 und fahren nach Hohenschönhausen. Nicht die dortigen Plattenbauten sind unser Ziel, sondern der Obersee und der benachbarte Orankesee. Zuvor wollen wir sehen, was vom historischen Zentrum Alt-Hohenschönhausens erhalten geblieben ist.

**ALT-HOHENSCHÖNHAUSEN:** Der Ort liegt, der Name deutet es an, auf einer Anhöhe, auf dem Barnim im Nordosten Berlins. Spuren führen zurück in die Bronzezeit, später siedelten hier westslawische Volksgruppen. Im 13. Jahrhundert erschienen deutsche Kolonisatoren, vermutlich Altmärker, wofür der Ortsname Schönhausen spricht. Ein erster schriftlicher Beleg des Straßendorfes findet sich in einer Templiner Urkunde.

Im Mittelalter war zunächst Eigentümer Hohenschönhausens die Familie von Rochow. Die Eigentümer wechselten, das Dorf wurde Rittergut, 1480 übernahm es die Familie von Röbel, der zahlreiche Ländereien nordöstlich von Berlin gehörten. Sie wirtschafteten erfolgreich, ihr Besitz prosperierte. Im Dreißigjährigen Krieg ging vieles davon verloren.

König Friedrich II. wollte für Preußen die Seidenproduktion einführen, weshalb er, in Hohenschönhausen wie anderswo, den Anbau von Maulbeerbäumen veranlasste. Nebenher ließ er Obstbäume und Weiden anpflanzen. Sein Siebenjähriger Krieg brachte der Region Verheerungen durch österreichisches und russisches Militär.

*Schloss Hohenschönhausen*

Im 19. Jahrhundert gelangte Gut Hohenschönhausen in den Besitz des Staatsrates Christian Friedrich Scharnweber, einem Mitarbeiter des preußischen Reformers Karl August von Hardenberg. Die Entwicklung des Dorfs war hinfort eng mit Berlin verbunden. Der Bau der dortigen Kanalisation benötigte Rieselflächen nordöstlich der Stadt, städtische Kirchgemeinden suchten Land für Begräbnisstätten, Kleingartenkolonien entstanden. 1894 begann die Löwenbrauerei mit der Produktion. Ein Pferdeomnibus verkehrte. Der Ort erhielt Anschluss an die Gasversorgung. Ab 1920 gehörte er per Eingemeindung zu Groß-Berlin.

Wir verlassen die Tram im Alt-Hohenschönhausener Zentrum. Links der Hauptstraße ein Herrenhaus: Die Mauern zeigen teils Risse, teils sind sie frisch verputzt. Das Gebäude, das heute gern als Bürgerschloss firmiert, ist ein vergleichsweise schmuckloser Bau, errichtet auf quadratischem Grundriss, die der jetzigen Hauptstraße abgewandte Fassade zeigt einen Balkon und etwas barockes Dekor.

**PAUL SCHMIDT:** Der aus Köthen stammende Unternehmer Paul Schmidt besaß zwei wichtige Patente: eines für die Trockenbatterie und eines für die elektrische Taschenlampe. 1901 gründete er in der Berliner Chausseestraße eine elektrotechnische Fabrik und begann mit der Produktion. Er war darin

*Taborkirche: Wappenschild der Familie Röbel, Außenansicht, Marien-Altar im Chor*

erfolgreich, konnte sich bald weitere Fabrikationsstandorte zulegen; seine DAIMON-Batterien und Taschenlampen eroberten den Weltmarkt.

Schmidt war jetzt ein schwerreicher Mann und wollte entsprechend residieren. Von 1910 bis 1929 bewohnte er Schloss Hohenschönhausen. Er war dessen letzter Privateigentümer; nach ihm gehörte es der Stadt Berlin. Es wurde Sozialeinrichtung, später Geburtsklinik; nach 1989 sollte ein Heimatmuseum einziehen, doch fehlte dafür das Geld. Seit 1998 bemüht sich ein Förderverein um den Erhalt, es gibt gelegentlich Veranstaltungen, und vor allem soll hier ein DAIMON-Museum entstehen. Die Marke selber existiert weiterhin, inzwischen gehört sie dem US-amerikanischen Großkonzern Procter & Gamble.

Vom alten Dorfkern stehen bloß noch wenige Häuser, darunter das alte Schulgebäude, überhaupt ältestes ist die spätromanische Dorfkirche. Ihr Inneres wurde saniert. Es gibt einen schönen Marien-Altar und eine Renaissancekanzel. Der Kirchturm wurde 1953 wegen Baufälligkeit abgetragen. Das Gotteshaus steht auf einem eingefriedeten Grundstück, bedrängt von Plattenbauten, die das Bild bestimmen.

1971 beschloss die DDR-Staatspartei SED, die im gesamten Land, also auch in Ost-Berlin, herrschende Wohnungsnot durch den massenhaften Bau neuer Unterkünfte zu beseitigen. Verwendet wurden vorgefertigte Beton-

*Alte Schule, Wasserturm am Obersee, Einfamilienhäuser in der Waldowstraße*

platten, es gab einheitliche architektonische Muster. Resultat waren ausgedehnte und äußerst uniforme Gebäude-Ensembles. Derart entstand von 1972 bis 1981 das Quartier Hohenschönhausen I, ab 1979 folgte Hohenschönhausen II, alles in allem mit Wohnraum für viele zehntausend Familien. Zuvor mussten Straßen verbreitert oder verlegt werden, der alte Dorfkern Hohenschönhausens war damit ruiniert.

Wir nehmen erneut die M5 und fahren zurück zur Haltestelle Oberseestraße. Die Sonne scheint, es weht ein sanfter Wind. Wir gehen die Waldowstraße mit ihren Vorgärten und Einfamilienhäusern entlang.

1893 erwarb der rheinländische Unternehmer Henry Suermondt Latifundien des Gutes Hohenschönhausen und parzellierte sie. Er gründete eine Baugesellschaft und errichtete Häuser, die er gewinnbringend verkaufte. Das Villenviertel am Orankesee entstand. Dieser See ist eiszeitlichen Ursprungs, sein Name geht auf das slawische Wort *RODERANKE* für rotbraun zurück. Der benachbarte Obersee wurde künstlich geschaffen, er sollte das Wasser für die Löwenbrauerei liefern.

Wir gehen vorbei an dem Wasserturm und gelangen in den Oberseepark. Licht fällt durch Buchenlaub, das Gelände verläuft abfällig, Hunde tollen umher zwischen aufgestellten Plastiken. Am anderen Seeufer stehen Villen im Landhausstil. Wir gehen weiter zum Orankesee, auch hier gibt es einen Park. Wir kehren in einem Café ein und umrunden dann den See.

*Obersee*

Zurück am Obersee stehen wir vor einer Villa mit abstrakten Skulpturen im Garten. Einst wohnte hier Karl Lemke, Besitzer einer graphischen Kunstanstalt und Druckerei und Sammler von bildender Kunst. Das Haus ließ er 1932 durch Ludwig Mies van der Rohe entwerfen.

**MIES VAN DER ROHE, VILLA LEMKE:** Der 1886 geborene Mies van der Rohe war einer der bedeutendsten Vertreter der internationalen Architektur-Moderne. Nach Ausbildung in seiner Geburtsstadt ging er nach Berlin und arbeitete zunächst bei Bruno Paul und Peter Behrens, beide Wegbereiter der baukünstlerischen Avantgarde. Er gründete sein eigenes Büro, Reisen führten ihn an Zentren der damaligen Kunstmoderne: Dresden-Hellerau, Monte Verità im Tessin, Amsterdam. Mit einem Bauvorhaben in Wiesbaden fand er 1923 zu seinem eigenen Stil, gekennzeichnet durch die Verwendung stählerner Tragstrukturen, eine hohe Variabilität der Nutzflächen und großflächige Verglasungen der Fassaden. Seinen architektonischen Minimalismus fasste er in die Formel »weniger ist mehr«. Ab 1930 lehrte er am Dessauer Bauhaus und war dessen Direktor. 1938 emigrierte er und wurde in Chicago heimisch, wo er als Lehrer und Architekt zu außerordentlichem Einfluss gelangte.

In Berlin existieren mehrere Bauten von ihm, so die Gedenkstätte für Karl Liebknecht und Rosa Luxemburg auf dem Friedhof Berlin-Friedrichsfelde und das Gebäude der Neuen Nationalgalerie am Kulturforum in Mitte. An

*Villa Lemke, Uferweg am Obersee, Garten der Villa Lemke*

letzterem zeigen sich geradezu paradigmatisch die stilistischen Eigenarten von Mies van der Rohe; übrigens war das Gebäude ursprünglich als Messepavillon für die Rum-Marke Bacardi gedacht.

Mit der Villa Lemke in Hohenschönhausen schuf er das letzte Wohnhaus vor seiner Emigration: einen schlichten backsteinernen Flachbau auf L-förmigem Grundriss mit bodentiefen Fenstern. Die Innenausstattung verantwortete er gemeinsam mit seiner damaligen Lebensgefährtin Lilly Reich. Der ebenerdige Übergang eröffnet den Zugang zu einem mit Stauden und Gehölzen gestalteten Garten.

Bauherr Lemke wohnte hier mit seiner Frau bis 1945. Dann zog die Rote Armee ein, später die Staatssicherheit der DDR. 1977 erkannten Verantwortliche die Bedeutung des Hauses, seither steht es unter Denkmalschutz. Ab dem Jahr 2000 wurde saniert, inzwischen sind Haus und Garten für Besucher zugänglich. Es gibt regelmäßige Veranstaltungen und eine eigene Edition.

Wir gehen die Oberseestraße zurück. Auf der einen Straßenseite stehen Gründerzeitvillen, auf der anderen Plattenbauten: ein merkwürdiges Bild.

Nach 1945 machte die Sowjetische Militäradministration das Gelände um Oranke- und Obersee zum Sperrgebiet. In den Villen wohnten sowjetische Offiziere, später Angehörige der DDR-Staatssicherheit. Nahebei, in der

*Skulptur im Park am Obersee, Gründerzeitvilla in der Oberseestraße, Strandbad Orankesee*

Genslerstraße, unterhielt der damalige sowjetische Geheimdienst NKWD auf dem Gelände einer ehemaligen Maschinenbaufabrik ein Speziallager; zuvor, bei den Nazis, waren darin Zwangsarbeiter und Kriegsgefangene untergebracht. Ab 1946 gab es hier eine Untersuchungshaftanstalt, 1951 übernommen von der DDR-Staatssicherheit.

Wir gehen die Freienwalder Straße entlang. Wir sehen Schlagbäume, Bogenlampen, Zäune, Mauern, Wachtürme. Zu DDR-Zeiten war das Gebiet weiträumig abgesperrt und auf Stadtplänen nicht verzeichnet. Wir gelangen in den Hof der Gedenkstätte. Lärmende Schülergruppen warten auf eine Führung. Wir wollen die Dauerausstellung besuchen.

**HAFTANSTALT HOHENSCHÖNHAUSEN:** Die 1946 errichtete Haftanstalt umfasste sechzig fensterlose Zellen. Sie waren feucht und enthielten lediglich eine Pritsche und einen Fäkalienkübel. Tag und Nacht brannte Licht. Ständig gab es das Geräusch der Lüftungsanlage. Inhaftiert waren zunächst ehemalige Mitglieder von Nazi-Partei und Gestapo, daneben politisch Andersdenkende und ehemalige Zwangsarbeiter aus Osteuropa. Die Einweisungen erfolgten oft willkürlich. Zu den Verhörmethoden gehörten Prügel, Schlafentzug, stundenlanges Stehen, Isolation. Mittels Stangen wurden Gefangene in gebeugter Haltung fixiert, dazu tropfte ihnen kaltes Wasser auf den Kopf, dies geschah stundenlang. Viele Häftlinge starben. Ihre Zahl ist unbekannt.

*Haftanstalt Hohenschönhausen: Eingang, Zugang zu den »Tigerkäfigen« und Innenhof*

Das DDR-Ministerium für Staatssicherheit ließ ein neues Gefängnis bauen, mit hundert Zellen und hundertzwanzig Verhörzimmern. Hier saßen vor allem Systemkritiker ein und Menschen, die aus der DDR flüchten wollten. »Zugeführt«, so die offizielle Bezeichnung, wurde in umgebauten Bahnwagons, in großen Lastkraftwagen oder in kleineren Transportfahrzeugen, die, zynisch genug, den Namen einer staatlichen Reinigungsfirma trugen. In aller Regel wussten die Inhaftierten lange Zeit nicht, wohin sie geraten waren.

Die Staatssicherheit unterhielt eine eigene Hochschule in Potsdam-Golm. Die Studierenden wurden unterrichtet in Verhörmethoden, die Häftlinge zermürben und destabilisieren sollten. Der Wille der Insassen war ohne sichtbare Körperschäden zu brechen, etwa mittels Schlafentzug, Isolation und Dunkelhaft.

1990 wurde die Haftanstalt Hohenschönhausen geschlossen, 1994 die Gedenkstätte eingerichtet. Neben regelmäßigen Führungen gibt es Lehrangebote und Projekttage.

Wir schließen uns einer Führung an. Sie wird betreut von einem ehemaligen politischen Gefangenen der Anstalt.

Wir sehen Dunkelzellen, deren Gummipolsterung an den Wänden körperliche Selbstbeschädigungen verhindern sollte und die kein Geräusch nach außen dringen ließ. Wir sehen die mit hässlicher DDR-Tapete und

*Blick aus einem »Tigerkäfig«*

tristem DDR-Büromobiliar ausgestatteten Verhörräume. Wir gehen durch Flure, an deren Wänden lose Schnüre hängen, Teil eines allgegenwärtigen Alarmsystems. Wir gehen, vorüber am Haftkrankenhaus, bis zu den »Tigerkäfig« genannten Orten für den Freigang, umstanden von Betonmauern, zum Himmel hin vergittert.

Der 1999 im Alter von 49 Jahren verstorbene Schriftsteller Jürgen Fuchs saß 281 Tage in diesem Gefängnis, ehe er 1977 aufgrund internationalem Drucks nach West-Berlin entlassen wurde. Er hat seine Erlebnisse aufgeschrieben. Er schildert Verhöre und notiert den Jargon der Vernehmer: »Einen Heißsporn spornen wir an und ordnen ihn ein, aber Hände weg von heißen Eisen, wir haben Zeit, überdenken Sie alles nochmals, kippen Sie uns hier nicht um, das Rote Kreuz wird Ihnen helfen, Ihr Kreuz aber tragen Sie selbst. Bis Golgatha bei Bautzen, Sie Großschnauze.«

Fuchs kommentiert:

»Dabei ist alles nur ein kleiner Auftakt. Hinter verschlossenen Türen und aufgerissenen Augen.«

Es ist, als hinge der Nachhall solcher Worte immer noch in den Wänden.

ich soll es zugeben
der vernehmer fragt
ich antworte nicht
der vernehmer fragt
ich soll es zugeben
der vernehmer fragt
ich will nichts zugeben
der vernehmer fragt
ich antworte nicht
der vernehmer fragt
ich antworte nicht
der vernehmer fragt
ich soll es zugeben
ich antworte nicht
der vernehmer fragt
ich will nichts zugeben
der vernehmer fragt
ich antworte nicht
der vernehmer fragt

*(Anonym: »Hohenschönhausen«)*

## ADRESSEN ZUR TOUR

**Bürgerschloss Hohenschönhausen**
Alt-Hohenschönhausen
Hauptstraße 44
13055 Berlin
Telefon: 030-978 95 600
E-Mail: FoerdervereinHhnsch@gmx.de
www.schlosshsh.de

**Mies van der Rohe-Haus**
Oberseestraße 60
13053 Berlin
Telefon: 030-970 006 18
E-Mail: info@miesvanderrohehaus.de
www.miesvanderrohehaus.de

**Taborkirche**
Hauptstraße 42
13055 Berlin
Telefon: 030-986 37 484
E-Mail: gemeindebuero@taborkirche-hsh.de
www.taborkirche-hsh.de

**Wasserturm am Obersee**
Bar im Wasserturm
Waldowstraße 20
13053 Berlin
Telefon: 0178-538 97 45
E-mail: kristin@berlin-wasserturm.de
www.berlin-wasserturm.de

*Wachturm in der Haftanstaltsmauer*

**Strandbad Orankesee**
Gertrudstraße 7
13053 Berlin-Hohenschönhausen
Telefon: 030-986 40 32
www.strandbad-orankesee.de

**Restaurant Orankesee Terrassen**
Orankestraße 41
13053 Berlin-Hohenschönhausen
Telefon: 030-264 78 93 800
www.orankesee-terrassen.com

**Gedenkstätte Berlin-Hohenschönhausen**
Genslerstraße 66
13055 Berlin
Telefon: 030-986 08 230
E-Mail: info @ stiftung-hsh.de
Fürhungen anmelden unter:
besucherdienst@stiftung-hsh.de
www.stiftung-hsh.de

JEKAT
NISCHNIJ NOWGOROD
WOLGOGRAD
BAKU
TIFLIS
ERIWAN
MURMANSK
ST. PETERSBURG
MOSKAU
HELSINKI
RIGA
TALLINN
WILNA
MINSK
KIEW
BUKAREST
SOFIA
NIKOSIA
12
13
14
15
TEHERAN +30`
BAGDAD
ADEN
SANAA
ADDIS ABEBA
MOGADISCHU
DARESSALAM
ANTANANARIVO
KUWAIT
KABUL +30
MAURITIUS
ANKARA
ISTANBUL
ATHEN
TEL AVIV
JERUSALEM
BEIRUT
DAMASKUS
KAIRO
KAPSTADT

# 3 Stalinismus und Moderne

## *Alexanderplatz und Karl-Marx-Allee*

*Fernsehturm und Weltzeituhr auf dem Alexanderplatz*

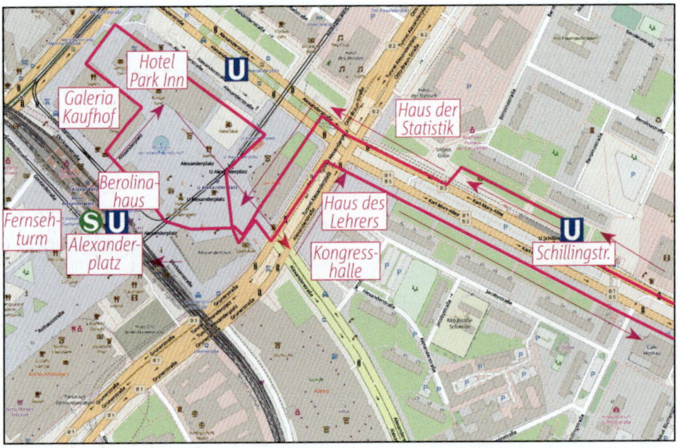
Hotel
Park Inn
Galeria
Kaufhof
Haus der
Statistik
Berolina-
haus
Haus des
Lehrers
Fernseh-
turm
Alexander-
platz
Kongress-
halle
Schillingstr.

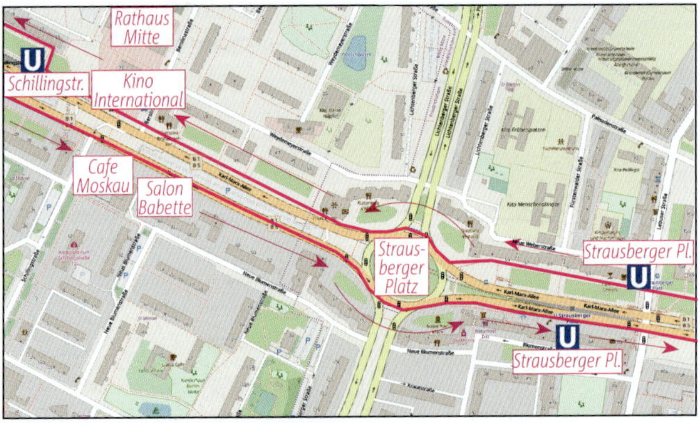
Rathaus
Mitte
Schillingstr.
Kino
International
Cafe
Moskau
Salon
Babette
Straus-
berger
Platz
Strausberger Pl.
Strausberger Pl.

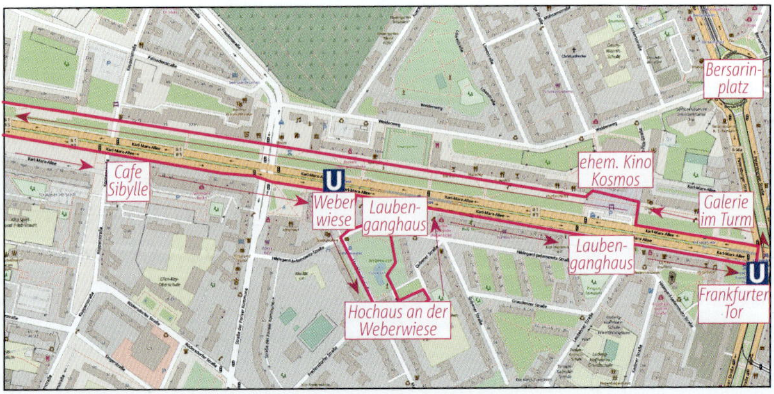
Bersarin-
platz
ehem. Kino
Kosmos
Cafe
Sibylle
Weber
wiese
Lauben-
ganghaus
Galerie
im Turm
Lauben-
ganghaus
Frankfurter
Tor
Hochaus an der
Weberwiese

## SPAZIERGANG KOMPAKT

**Anreise:** S3, S5, S7, S9, U2, U5, U8

**Start:** Alexanderplatz

**Ziel:** Alexanderplatz

**Abreise:** S3, S5, S7, S9, U2, U5, U8

**Streckenlänge:** 6,9 km

**Verlauf:** Alexanderplatz, Karl-Marx-Allee, Strausberger Platz, Frankfurter Allee, Hildegard-Jadamowitz-Straße, Marchlewskistraße, Frankfurter Allee, Frankfurter Tor, Strausberger Platz, Frankfurter Allee, Karl-Marx-Allee, Schillingstraße, Alexanderplatz

**Besichtigung:** Alexanderplatz, Berolina-Haus, Weltzeituhr, Hotel Park Inn, Kaufhof am Alex, Fernsehturm, Haus des Lehrers, Kongresshalle am Alexanderplatz (bcc Berlin Congress Center), Café Moskau, Hochhäuser und Brunnen am Strausberger Platz, Bebauung auf der Südseite der Frankfurter Allee, ehem. Karl-Marx-Buchhandlung, Café Sybille, Laubenganghäuser, Haus an der Weberwiese, Hochhäuser am Frankfurter Tor, Bebauung auf der Nordseite der Frankfurter Allee, Kino Kosmos, Kino International, ehem. Hotel Berolina

**Einkehrmöglichkeiten:** Café Sybille

> Die Residenz!
> Gu'n Tag, du Metropole!
> Da ist auch schon der Alexanderplatz …
> Verstatte, dass ich mich das Schneuztuch hole,
> das Herz schlägt stürmisch unterm Busenlatz.
> Du gute Spree mit dem geduldigen Rücken,
> der Ruderklubs und der Mamsells Entzücken –
> ich seh dich still und mächtig dreckig ziehn …
> Berlin!
>
> *(Kurt Tucholsky: »Auf Urlaub«)*

Der Alexanderplatz zählt zum ältesten Berlin. Einst war er ein vor den Stadttoren gelegenes Marktgelände für den Viehhandel, seinen heutigen Namen verdankt er jenem Zaren, der 1812 Napoleon aus Russland vertrieb; da war die Vorstadt, zu der dieser Platz gehörte, bereits eingemeindet.

**ALEXANDERPLATZ:** Im 19. Jahrhundert entstanden hier Industriebauten, Warenhäuser, Einrichtungen fürs Entertainment, eine Markthalle, ein Hotel, Stationen für öffentliche Verkehrsmittel. Sichtbares Kennzeichen war

*Berolinahaus und Kaufhof am Alexanderplatz*

die Statue der Berolina, eine weibliche Symbolfigur mit weit schwingendem Gewand und einem kronenähnlichen Säulenstumpf auf dem Kopf.

Politische Ereignisse gab es vielfach, so die Kämpfe der Märzrevolution von 1848 oder die Trauerfeier für die ermordeten Kommunistenführer Rosa Luxemburg und Karl Liebknecht 1919. Bei Rangeleien mit der Ordnungsmacht erschoss 1931 der KPD-Mann Erich Mielke zwei Polizisten. Später wurde er allseits gefürchteter Minister für Staatssicherheit in der DDR.

Der Platz ist auch literarisch bedeutsam. An ihm wohnte einst Gotthold Ephraim Lessing, auf ihm errichtete 1848 Theodor Fontane Barrikaden, und der Armenarzt Alfred Döblin schrieb über ihn einen weithin berühmten Roman.

Um das Jahr 1930 war der Platz entschieden zu klein geworden. Neben dem Potsdamer Platz galt er als verkehrsreichster Stadtraum Berlins. Der Zweite Weltkrieg zerstörte viele seiner Gebäude, die Ost-Berliner Verwaltung entschloss sich zu einer Neuordnung, die gleichermaßen die Ausdehnung wie die Straßenführungen betraf. Heute ist er kein Platz mehr im herkömmlichen Sinn, sondern ein weitläufiges, etwas konturloses Gelände. Die Pläne, rundum Hochhäuser aufzustellen, blieben vorerst Papier.

Alle ostwestlich verlaufenden Stadtbahnlinien halten am Alexanderplatz, ebenso wie die U-Bahnen, die hier einen ihrer wichtigen Knotenpunkte haben.

*Hotel »Park Inn«, Berolinahaus und Bahnhof Alexanderplatz, Haus des Lehrers und Kongresshalle*

Wir verlassen den Bahnhof und überqueren den Platz. Viele Menschen sind unterwegs, Touristen mit Kameras, Leute mit Einkaufstaschen, fliegende Bratwurstverkäufer mit Grill vor dem Bauch. Tierschützer betteln um Unterschriften. Jugendliche trinken aus Bierflaschen. Auf dem Boden hockt ein Obdachloser, unrasiert, vor sich einen Hund und einen Plastikbecher für Münzen. Fast geräuschlos fahren Straßenbahnen heran und halten.

Das Warenhaus, Erinnerung an die Kaufhauspaläste von Tietz, Wertheim und Hahn, die früher hier standen, war eine DDR-Konstruktion von beträchtlicher Hässlichkeit. Der westdeutsche Eigentümer hat sie gnädig überbaut. Wir sehen das Berolinahaus, eine von zwei ähnlichen Arbeiten des großen Baumeisters Peter Behrens für den Platz, nicht bloß nach unserem Urteil die überhaupt schönsten Architekturen im gesamten Quartier.

Dann gibt es noch das von der DDR errichtete Hochhaushotel, das jetzt den Namen »Park Inn« trägt. Auffällig auch das Haus des Lehrers, gleichfalls ein Produkt des ostdeutschen Staates. Eine vergleichbare Einrichtung für Pädagogen existierte schon früher hier. Den Neubau errichtete Hermann Henselmann. Er war in der DDR vielbeschäftigt. Seit 1930 selbstständiger Architekt, folgte er dem Stil der damaligen Baumoderne. Um 1949 begann dann seine Karriere in der DDR, deren ästhetischen Vorschriften er sich völlig unterwarf, was bedeutete: Die architektonische Avantgarde galt als formalistisch, sie war verpönt und verboten, gefragt war der von dem sowjetischen

*Kongresshalle, Haus des Lehrers, Wandfries*

Diktator Josef Stalin gewollte Stil eines eklektischen Historismus, zumeist in monumentaler Dimension. Alle osteuropäischen Satelliten, darunter die DDR, hatten dem zu folgen.

Das Haus des Lehrers zeigt sich darin eher zurückhaltend, ebenso wie, direkt daneben, die gleichfalls von Henselmann entworfene Kongresshalle. Mit ihrer flachen Kuppel war sie gedacht als Gegenentwurf zur Kongresshalle im West-Berliner Tiergarten. Genutzt wird sie bis heute. Stalinistisch am zwölfstöckigen Haus des Lehrers ist der umlaufende Wandfries, den Ulbrichts Lieblingsmaler Walter Womacka ersann. Das Gebäude steht unter Denkmalschutz.

**KARL-MARX-ALLEE:** Die breite Transversale, die hier anfängt, trägt heute den Namen Karl-Marx-Allee. Vor hundert Jahren hieß sie noch Große Frankfurter Straße, und verlief auch anders; sie diente, der Name deutet es an, als Ausfallroute Richtung Frankfurt/Oder. Die heutige Gestaltung verdankt sich der DDR. Der Abschnitt zwischen Alexanderplatz und Strausberger Platz wurde erst bebaut, als es mit den ärgsten Auswüchsen stalinistischer Ästhetik schon vorüber war. Die hier errichteten Wohnblocks sind schmucklose DDR-Plattenbauten, lediglich die Keramik-Verkleidung teilen sie mit dem östlich anschließenden Straßenabschnitt.

*Café Moskau*

Ab dem Alexanderplatz ist die Karl-Marx-Allee zunächst eine mehrspurige, 125 Meter breite Avenida, umtost von Autolärm, bevölkert von leichtfertigen Radfahrern und hastenden Fußgängern. Wir bewegen uns auf der rechten Seite. Die Gehsteige sind ungewöhnlich breit. Die Betonplatten, mit denen sie belegt wurden, sind manchmal geborsten, in den Ritzen wächst Gras.

Wir überqueren die Schillingstraße mit ihrem U-Bahneinstieg. Wir passieren von der DDR errichtete Geschäftshäuser, eines davon ist das Café Moskau, ein flacher Kubus mit viel Glas, zunächst eines von mehreren Nationalitäten-Restaurants in Ost-Berlin. Das zu Beginn der 1960er Jahre errichtete Gebäude wurde mehrfach umgebaut und gehört jetzt dem deutsch-amerikanischen Baulöwen Nicolas Berggruen.

**STRAUSBERGER PLATZ, STALINALLEE:** Wir gelangen zum Strausberger Platz. Er ist ein großes Oval mit einer Grünfläche in seiner Mitte, darauf ein Brunnen, den Fritz Kühn schuf, ein nicht nur in der DDR angesehener Kunstschmied. Dominiert wird der Platz von zwei Hochhäusern, die alle Kennzeichen jenes Baustils aufweisen, der gerne als Zuckerbäckerstil verhöhnt wird.

Als dieser hier realisiert wurde, hieß die Straße Stalinallee. Zur Anwendung kamen üppige Zitate der Baukunst zwischen Barock und Historismus, wie sie zum Bespiel die Bauten an der Moskauer Gorki-Straße zeigten. Sie

*Brunnen am Strausberger Platz*

diente als Modell für ähnliche Avenuen in den Hauptstädten osteuropäischer Sowjetsatelliten, wobei die Berliner Stalinallee, anders als das Moskauer Vorbild, jedenfalls nicht eng geriet. Ab dem Strausberger Platz misst sie neunzig Meter in der Breite, in der Mitte verläuft ein Grünstreifen, es wachsen Bäume. Gedacht war ein Prachtboulevard, ein Unter den Linden für Kommunisten. Alle Ost-Berliner Machtdemonstrationen, die am 1. Mai, die am 7. Oktober, die Massenaufmärsche mit und ohne Waffen, fanden hier statt.

Wir umrunden den Strausberger Platz. In den unteren Etagen der Bauten gibt es ein paar hübsche Geschäfte. Wir bleiben auf der rechten Straßenseite und sehen pompöse Hauseingänge, ausgestattet mit dorischen Säulen. Die Außenmauern sind durchweg verfliest, manche Terrakotten waren heruntergefallen und wurden ersetzt, manche Schadstellen blieben leer. Die Wohnungen sind immer noch begehrt, hohe, großzügig geschnittene Räume, mit parkettierten Fußböden und Müllschluckern in den Küchen.

Wir kommen an der Fassade der Karl-Marx-Buchhandlung vorbei. Bis 1989 war dies das größte Büchergeschäft Ost-Berlins, nach 1990 schrumpfte es und schloss schließlich, bloß ein paar Räume verblieben und dienen als Ort für gelegentlich stattfindende Veranstaltungen.

*Laubenganghaus Vorderseite, Hochhaus an der Weberwiese, Laubenganghaus Rückseite*

**LAUBENGANGHÄUSER, HAUS AN DER WEBERWIESE:** Wir kommen zum U-Bahnhof Weberwiese. Hier findet sich gleichsam die Keimzelle der Stalinallee und dies zunächst in zwei angegrauten, eher bescheidenen Wohnhäusern, fünfgeschossig, mit Laubengängen an allen Etagen. Entworfen hat sie Hans Scharoun, Erbauer der Philharmonie und der Neuen Staatsbibliothek an der Potsdamer Straße. Die Sowjets hatten ihn 1945 als Stadtbaurat eingesetzt, was er freilich nicht lange blieb; die Häuser hier sollten ein Zeichen für den beginnenden Ost-Berliner Wiederaufbau sein. Kaum fertiggestellt, galten sie als formalistisch, die DDR verhöhnte sie als Eierkisten und pflanzte Pappeln davor. Monument des sozialistischen Bauens sollte nunmehr das Haus an der Weberwiese sein.

Architekt war Henselmann. Er war ein Mensch von beträchtlichem Selbstbewusstsein, gern kalauerte er, es gebe drei große deutsche Männer in Deutschland: Heinrich Mann, Thomas Mann und Henselmann. Wie verlangt, brachte er am Weberwiesen-Hochhaus allerlei traditionalistischen Zierrat an. Das Ergebnis fand parteioffizielles Wohlgefallen. Er wurde zum Gestalter der gesamten Stalinallee. Einer seiner Architekten war Richard Paulick, Bauhaus-Schüler und ehemaliger Gropius-Assistent, von seinen einstigen Idealen abgekommen aus Überzeugung oder Opportunismus. Paulick entwarf die pompösen Laternenkandelaber auf der Allee, die an ähnliche Schöpfungen Albert Speers erinnern.

*Turmhochhäuser am Frankfurter Tor*

Wir stehen am Frankfurter Tor. Jenseits der verkehrsreichen Kreuzung heißt die Straße nicht mehr nach Karl Marx, auch die stalinistischen Architekturen enden hier: mit zwei dominanten Hochhäusern, deren Kuppeltürme Gontards Domkirchen am Gendarmenmarkt imitieren. Die gläsernen Rundgeschosse hoch oben waren eigentlich gedacht als Gemeinschaftsräume. Genutzt wurden sie bis 1989 von der DDR-Staatssicherheit, um die Straße zu observieren. Denn hier hatte sich Unerhörtes ereignet: Am 16. Juni 1953 waren die Bauarbeiter der Stalinallee in den Streik getreten, aus Protest gegen Lohneinbußen. Der Ausstand griff rasch um sich, erreichte tags darauf das gesamte Ost-Berlin und die gesamte DDR. Es kam zu einer Volkserhebung gegen die politische Führung, Diktator Ulbricht musste vierundzwanzig Stunden lang um seine politische Zukunft zittern, dann fuhren sowjetische Panzer auf und beendeten die Revolte. Sie hat eine vielfältige belletristische Widerspiegelung erfahren, am kürzesten und widersprüchlichsten durch Bertolt Brecht: Gleich nach dem Ereignis veröffentlichte er eine Ergebenheitsadresse an Ulbricht, heimlich schrieb er das Gedicht »Die Lösung«, worin er der SED empfahl, das Volk aufzulösen und ein neues zu wählen.

Wir wechseln die Straßenseite und gehen zurück Richtung Alexanderplatz. In der Ferne sehen wir den Fernsehturm, 1965 in Auftrag gegeben, insgesamt 362 Meter hoch. Die metallumkleidete Kugel an seiner Spitze lässt sich mit einem Fahrstuhl erreichen und findet jährlich um die fünf Millio-

*Kino Kosmos, ehemalige Karl-Marx-Buchhandlung, Eingang zu Café Sybille*

nen Besucher. Scheint die Sonne, erscheint auf der Außenhaut der Kugel ein Kreuz – für die militant atheistische DDR ein peinlicher Effekt.

**KINO KOSMOS:** Wir stehen vor dem ehemaligen Kino Kosmos, das 1962 als damals größtes Filmtheater der DDR eröffnet wurde. Der flache Bau auf ovalem Grundriss, mit viel Glas und glatten Flächen, hebt sich von der Zuckerbäckerarchitektur der Umgebung erkennbar ab. Entworfen hat ihn der Architekt Josef Kaiser. Er stammte aus Slowenien und war zunächst Operettentenor.

Nahe der Kreuzung Koppenstraße kommen wir zu einem Abschnitt, wo die gerade Front der Allee unterbrochen ist und eine rechteckige Freifläche ausspart. Hier stand bis zum November 1961 die überlebensgroße Bronze des sowjetischen Diktators Josef Stalin, 1951 enthüllt, ein Geschenk der Sowjets, ihr Bildhauer ist unbekannt. 1956 erfolgte durch Kremlchef Chruschtschow das offene Eingeständnis von Stalins ungeheuerlichen Verbrechen, der monströse Stalinkult hörte danach auf. Gleichwohl brauchte es noch fünf Jahre, ehe das Denkmal verschwand und auch der Straßenname geändert wurde, beides in einer Nacht-und-Nebel-Aktion. Die Anweisung lautete: »Das Denkmal ist bis zur Unkenntlichkeit zu zerkleinern. Die Mitnahme von Bruchstücken ist verboten.« Heimlich wurde dagegen verstoßen. Erhalten

*Ehemaliges Hotel Berolina, Kino International*

blieben ein großes bronzenes Ohr und ein Stück vom bronzenen Schnurrbart.

Verschwunden ist auch die nahe dem Denkmal errichtete Sporthalle. Sie war das erste fertiggestellte Gebäude auf der Allee, ein wuchtiger Bau mit Säulenportal, der Hitlers Haus der deutschen Kunst in München ähnelte, ihr Architekt war Richard Paulick. Das Konstrukt wies schwere Baumängel auf, die sich nicht beheben ließen, 1972 wurde es abgerissen. Davon erzählt eine Ausstellung im Café Sybille auf der anderen Straßenseite.

**KINO INTERNATIONAL:** Wir haben den Strausberger Platz hinter uns und nähern uns wieder dem Alexanderplatz mit seinen Hochhausensembles, die in Architekturführern begütigend DDR-Moderne heißen. Auffälligster Bau hier ist das Kino International, errichtet von eben jenem Josef Kaiser, der schon das Kino Kosmos (und auch das Restaurant Moskau) entwarf. Das Kosmos zeigt inzwischen kaum mehr Filme, dient vielmehr als Ort für Veranstaltungen unterschiedlicher Art. Im International, einem 1963 eröffneten repräsentativen Erstaufführungshaus, finden weiterhin Filmvorführungen statt. Neben seinem Zuschauerraum mit 551 Plätzen hat es ein großes Foyer mit Panoramafenster, dazu zahlreiche Nebenräume, die Seitenmauern zeigen Reliefs.

*Plattenbauten an der Karl-Marx-Allee*

Dahinter steht ein vielstöckiger Bau, der das Rathaus des Stadtbezirks Mitte beherbergt. Errichtet wurde er von der DDR als Interhotel, also eine jener gastronomischen Einrichtungen, die vornehmlich gedacht waren als Herbergen für devisenbringende Ausländer.

Wir stehen vor dem International. Vor uns tost der Autoverkehr. Über die Karl-Marx-Allee rollen täglich dreißigtausend Fahrzeuge. Von dem Abschnitt, auf dem wir uns befinden, heißt es im Lexikon, er könne stadtarchitektonisch »ohne Weiteres dem Weltmaßstab standhalten«. Selbst die stalinistischen Bauten jenseits des Strausberger Platzes werden inzwischen von der Architekturkritik eher gnädig beurteilt. Unserem durch den monotonen Funktionalismus der Ost-Berliner Plattenbauten ermüdeten Blick bringen sie so etwas wie eine optische Abwechslung, jedenfalls sind sie das steinerne Zeugnis für vierzig Jahre Ostdeutschland, vierzig Jahre politische und kulturelle Geschichte, vierzig Jahre gelebtes Leben.

*Eingangsportal des Hauses an der Weberwiese*

## ADRESSEN ZUR TOUR

**Haus des Lehrers**
Alexanderstraße 9
10178 Berlin
Kontakt:
WBM Wohnungsbaugesellschaft
Berlin-Mitte mbH
Dircksenstraße 38
10178 Berlin
Telefon: 030-2471 5700
E-Mail: info@wbm.de
www.wbm.de
Ansprechpartnerin
Maike-Christina Geßner
Telefon: 030-2471 4457
Mail: maike-christina.gessner@wbm.de

**bcc (früher Kongresshalle am Alexanderplatz)**
bcc Berlin Congress Center GmbH
Alexanderstr. 11
10178 Berlin
Telefon: 030-238060
Buchungsanfragen:
030-23806800
info@bcc-berlin.de
event@bcc-berlin.de

**Café Moskau**
Karl-Marx-Allee 34
10178 Berlin

**Salon Babette**
Karl-Marx-Allee 36
10179 Berlin

Beide Orte können als Eventlocation gemietet werden.
Buchungsanfragen für beide Orte:
Cafe Moskau GmbH
Telefon: 030-470 807 77
www.cafemoskau.com

**Café Sibylle**
Veranstaltungsort, Museum, Kaffeehaus
Karl-Marx-Allee 72
10243 Berlin

*Wandfries am Café Moskau*

Telefon: 030-326 651 01
E-Mail: info@cafe-sibylle.com
www.cafe-sibylle.org

**ehemalige Karl-Marx-Buchhandlung**
Karl-Marx-Allee 78
10243 Berlin

**Hochhaus an der Weberwiese**
Marchlewskistraße 25
10243 Berlin

**Laubenganghäuser**
Karl-Marx-Allee 102/104 und 126/128
10243 Berlin

**Galerie im Turm**
Frankfurter Tor 1
10243 Berlin
Telefon: 030-422 94 26
E-Mail: galerie-im-turm@kulturamtfk.de
www.galerie-im-turm.net

**Kino Kosmos**
KOSMOS KG
Karl-Marx-Allee 131a
10243 Berlin
Telefon: 030-400 48 130
E-Mail: office@kosmos-berlin.de
www.kosmos-berlin.de

**Kino International**
Karl-Marx-Allee 33
10178 Berlin
Telefon: 030-322-93 13 22
E-Mail: hilfe@yorck.de
www.yorck.de/kinos/kino-international

# 4 Kinkerlitzchen, dusemang

## *Hugenotten in Berlin*

*Eingang zum Kirchhof I der Französisch-Reformierten Gemeinde*

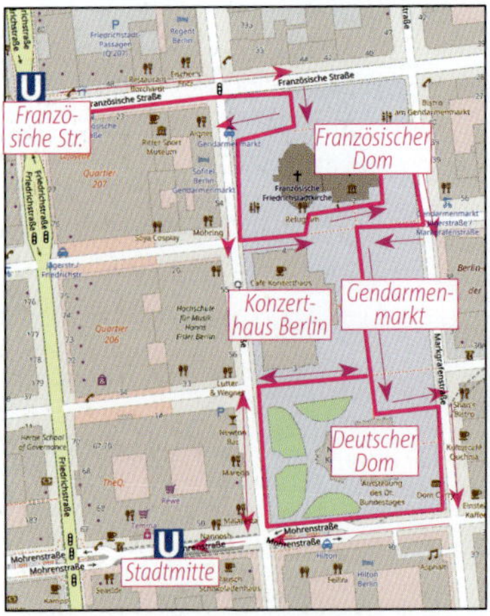
Französische Str.
Französischer Dom
Konzerthaus Berlin
Gendarmenmarkt
Deutscher Dom
Stadtmitte

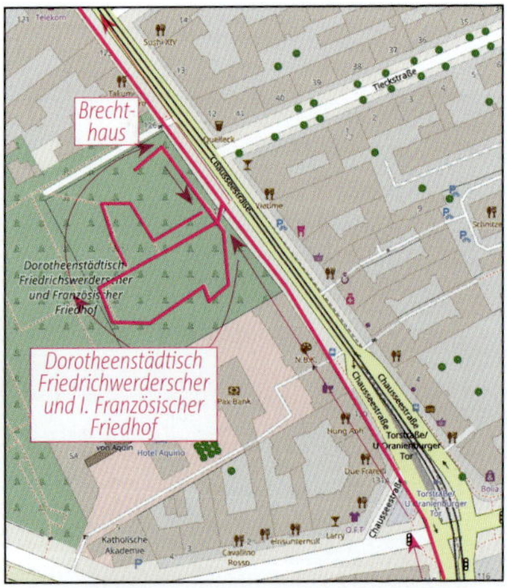
Brechthaus
Dorotheenstädtisch Friedrichwerderscher und I. Französischer Friedhof

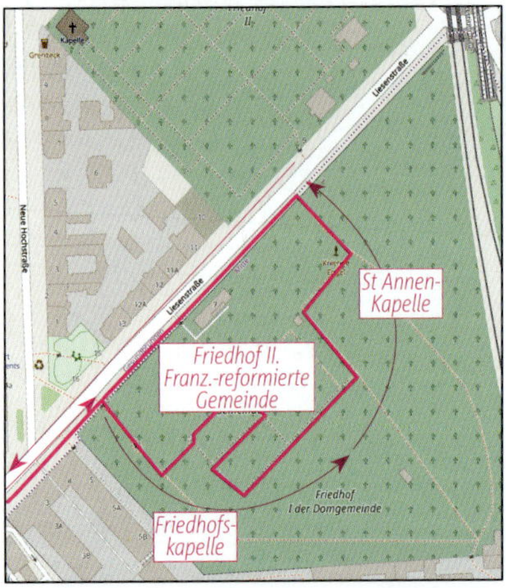
St Annen-Kapelle
Friedhof II. Franz.-reformierte Gemeinde
Friedhofskapelle

Hugenottenviertel
Hugenottenviertel
Hugenottenviertel
Tram
Oranienburger Tor
Eingang Hugenottenviertel

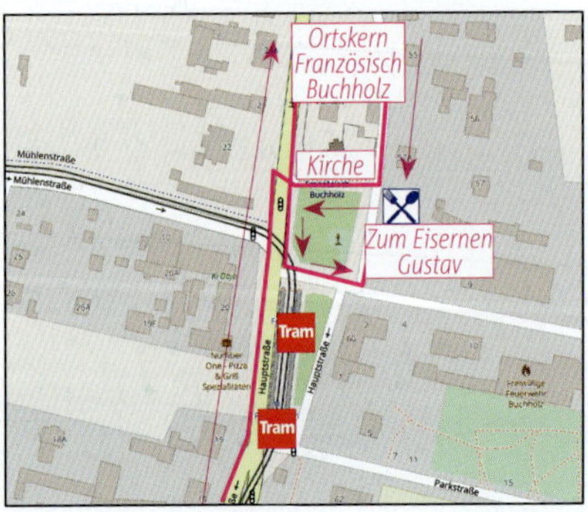
Ortskern Französisch Buchholz
Kirche
Zum Eisernen Gustav
Tram
Tram

## SPAZIERGANG KOMPAKT

**Anreise:** U6

**Start:** Französische Straße

**Ziel:** Ortskern Französisch Buchholz

**Abreise:** Tram 50, Haltestelle Französisch Buchholz Kirche

**Streckenlänge:** 5,8 km

**Verlauf:** Französische Straße, Charlottenstraße, Gendarmenmarkt, Jägerstraße, Friedrichstraße, Claire-Waldoff-Straße, Hannoversche Straße, Chausseestraße, Liesenstraße, Hauptstraße (Französisch Buchholz)

**Besichtigung:** Gendarmenmarkt, Schauspielhaus, Deutscher Dom, Französische Friedrichstadtkirche, Französischer Dom, Hugenottenmuseum, Hugenottenviertel,

I. Französischer Friedhof in der Chausseestraße mit historischen Grabmälern, II. Französischer Friedhof in der Liesenstraße, Grabmal der Eheleute Fontane, Französisch Buchholz: Ortskern mit alten Kolonistenhäusern, Kossätenhof, Dorfkirche, Friedhof

**Einkehrmöglichkeit:** Restaurant »Zum Eisernen Gustav«

Das Berliner Idiom ist eine Mischung aus brandenburgischem Platt und allerlei Spracheinflüssen. Da gibt es etwa so merkwürdig klingende Wörter wie plärren, krakeelen, dusemang, blümerant und Kinkerlitzchen. Es handelt sich um mundartlich angeglichene Entlehnungen aus dem Französischen.

**HUGENOTTEN:** Das Wachstum der Stadt Berlin erfolgte durch Zuwanderer, die jeweils ihre eigene Kultur und Sprache mitbrachten. Einen nicht unbeträchtlichen Anteil stellten die aus dem Linksrheinischen immigrierten Protestanten, deren üblicher Name Hugenotten ist – eine verballhornte Übernahme des Schweizerdeutschen Begriffs Eidgenossen; die Glaubensflüchtlinge waren Anhänger des Genfers Jean Calvin.

Dieser Reformator hatte in Westeuropa erheblich größeren Einfluss als etwa Martin Luther und dies zumal in Frankreich. Im 16. Jahrhundert wurden dort die Hugenotten zu einer auch politisch spürbaren Macht. Es kam zu Konflikten, deren erster Höhepunkt die Bartholomäusnacht war: Während der Hochzeit des französischen Thronfolgers kam es in Paris zu einem Massengemetzel unter den Reformierten. Der darauf folgende Bürgerkrieg wurde zunächst beendet durch das Edikt von Nantes, das König Henri Quatre erließ. Sein Enkel Ludwig XIV., genannt der Sonnenkönig, hob es wieder auf,

*Französische Friedrichstadtkirche: Giebel, Bronzetafeln für Calvin und Wiederaufbau*

worauf ein Massenexodus von Hugenotten unter anderem nach Deutschland begann. Brandenburgs Großer Kurfürst reagierte mit dem Edikt von Potsdam, das eine förmliche Einladung für die verfolgten Franzosen darstellte; er war seinerseits Calvinist, außerdem waren ihm die meist gebildeten und wirtschaftlich erfahrenen Zuwanderer für sein durch den Dreißigjährigen Krieg ausgeblutetes Land willkommen.

Er schenkte ihnen Ackerland, verlieh ihnen Stadtrechte und ermöglichte ihren Handwerkern Zugang zu den Zünften. Manufakturbesitzer erhielten Steuerprivilegien, Aristokraten Amt und Würden. Eine besondere Kirchen- und Gerichtsorganisation war ihnen garantiert.

Hugenottensiedlungen sind gekennzeichnet durch ein regelmäßiges, streng rechtwinklig geordnetes Straßensystem, wie in Teilen von Potsdam zu erkennen. Die größte Ansiedlung in Brandenburg-Preußen indessen erfolgte in Berlin.

Um das Jahr 1700 stammte dort jeder fünfte Einwohner aus Frankreich. Die Immigranten waren stolz auf ihre Herkunft, sie pflegten ein starkes Gemeinschaftsgefühl und sprachen weiterhin französisch. Bald spielten sie eine wichtige Rolle in Wirtschaft, Politik, Wissenschaft und Kultur. Der heimische Adel, allen voran der Kurfürst, zeigte sich ihnen gegenüber aufgeschlossen, die einfache Bevölkerung hingegen eher nicht. Es herrschte Mangel an Lebensmitteln und Wohnraum. Es gab Konkurrenz auf dem

*Französische Friedrichstadtkirche am Gendarmenmarkt*

Arbeitsmarkt, Äußeres, Sprache und Religionsausübung blieben den Einheimischen fremd.

Die Hugenotten, in Berlin damals lieber Refugiés genannt, grenzten sich ihrerseits ab. Mischehen waren verpönt. Gottesdienste fanden in französischer Sprache statt und das noch bis ins 20. Jahrhundert hinein. Erst nach mehreren Generationen begannen sie sich allmählich zu integrieren. Derart wurde dann pleurer (weinen) zu plärren, quincailleries (blecherne Haushaltswaren) zu Kinkerlitzchen, doucement (behutsam) zu dusemang, bleu mourant (blassblau) zu plümerant (unwohl).

Existieren im heutigen Berlin noch hugenottische Spuren? Wir machen uns auf die Suche.

Mit der U6 fahren wir zum U-Bahnhof Französische Straße, steigen aus und gehen zum Gendarmenmarkt.

Was in der Dorotheenstraße noch pietätvoll zusammengetragen worden war, das dient in der jetzigen Villa des Beaux in den Gemächern nur noch hie und da zur Zier, und im Salon der Frau Kommerzienrätin schaut der erste brandenburgische Ahnherr, der Sieur Antoine des Beaux, dem der Große Kurfürst seinerzeit die Hand geschüttelt hat, von der Wand aus

*Deutscher Dom und Schauspielhaus*

seinem Clair-obscur ernst, aber auch ruhig in das Plein-air des laufenden Tages hinein.

(...)

Zwischen drei und vier Uhr nachmittags aber stand ich allein in der Dorotheenstraße vor dem Hause, in welchem die alte Hugenottenfamilie zum letztenmal ihre Lebensandenken zusammengehäuft hatte. Seit meinen Studentenjahren war ich nicht wieder in diese Gegend der Stadt gekommen, und von dem Hause war nur die Nummer geblieben, was die Gassenseite anbetraf. Vater des Beaux nahm nicht mehr das Maß der oberen Zehntausend der Stadt, und der Hofhufschmied beschlug nicht mehr die Hufe ihrer Rosse in der Dorotheenstraße: nach der Gassenseite hin hatte sich die Dekoration vollständig verändert, soweit ich meiner Erinnerung trauen konnte.

*(Wilhelm Raabe: »Die Akten des Vogelsang«)*

Der Name Gendamenmarkt ist ein erster Hinweis; die Hugenotten wohnten vornehmlich hier, in der Friedrich- und der Dorotheenstadt. Der Gendamenmarkt, einer der schönsten Plätze Europas, wird bestimmt durch drei eindrucksvolle Bauwerke: das Schauspielhaus und zwei große Kirchen. Eine davon ist der Französische Dom.

*Französischer Dom*

**GENDARMENMARKT:** Der etwa drei Hektar große Platz wurde Ende des 17. Jahrhunderts von Johann Arnold Nehring, einem der großen Barockbaumeister Brandenburg-Preußens, für die Friedrichstadt angelegt. Der Lindenmarkt, später Friedrichstädtischer Markt, war umgeben von zweigeschossigen Bürgerhäusern. Ab 1736 befanden sich hier Stallungen des Kürassierregimentes K10, der Gens d'armes, was dem Platz seinen endgültigen Namen gab. An der Nordseite errichteten die Hugenotten die Friedrichstadtkirche, an der Südseite entstand ein Gotteshaus für die deutsche evangelische Gemeinde.

Unter König Friedrich II. erhielt der Gendarmenmarkt dann sein heutiges Aussehen. Carl von Gontard, übrigens Hugenotte, sollte beide Kirchen mit Kuppeln versehen, vermutetes Vorbild war die Piazza del Popolo in Rom. Die Kuppel des Deutschen Domes stürzte bei den Bauarbeiten ein, Gontard wurde entlassen, sein Nachfolger Georg Christian Unger führte die Arbeiten fort.

Friedrich II. war überaus frankophil und sprach das Französische lieber als das Deutsche. Die Pferdeställe am Gendarmenmarkt ließ er abreißen und zwischen die beiden Sakralbauten das französische Komödienhaus setzen, das Stücke in französischer Sprache spielte; Architekt war der gebürtige Niederländer Johann Boumann. Das Theater hatte als Hofspielstätte bald ausgedient. Für die Bedürfnisse des bürgerlichen Publikums war es zu klein, Baumeister Carl Gotthard Langhans schuf einen Neubau für zweitausend

*Eingang zum Hugenottenviertel*

Zuschauer. Nach einem Brand entstand an gleicher Stelle der klassizistische Neubau Karl Friedrich Schinkels. Er gilt zu Recht als eine seiner schönsten Arbeiten.

Es ist ein angenehmer Augusttag. Der wolkenverhangene Himmel reißt auf. Touristen sitzen auf den Stufen des Schauspielhauses. Wir gehen herum um den Französischen Dom und die Friedrichstadtkirche, beide Sakralbauten verbindet ein Zwischentrakt. Wir sehen zwei Relieftafeln, deren eine an das Schicksal der Hugenotten und das Edikt von Potsdam erinnert, während die andere die Baudaten mitteilt. Der Gendarmenmarkt wurde im Zweiten Weltkrieg heftig heimgesucht, die Wiederherstellung dauerte bis zur Mitte der 1980er Jahre. Die Kuppel des Französischen Doms lässt sich auf einer Balustrade in vierzig Metern Höhe umrunden. Seit 1987 gibt es hier ein Carillon mit 66 Glocken. Auf der Ostseite befindet sich das Hugenottenmuseum, seine Dauerausstellung ist interessant, wiewohl etwas angestaubt, demnächst soll sie überarbeitet werden.

Wir fahren mit der U6 die zwei Stationen bis zum Oranienburger Tor. Wir nehmen den Südausgang, rechts beginnt die Claire-Waldoff-Straße. Wir kommen zu einem Torhaus, neben dem eine Bronzeplastik steht: eine Säule mit einem Pelikan.

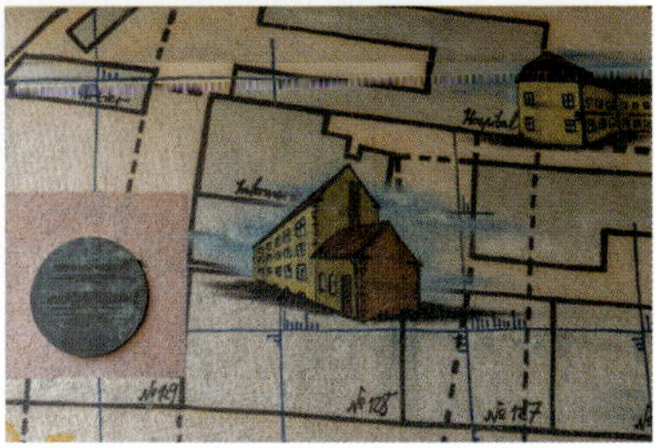

*Sanierte Wohnhäuser im Hugenottenviertel, Bronzeskulptur eines Pelikans, Wandgraffito*

**HUGENOTTENVIERTEL:** Die Arbeit stammt von dem Künstler Michael Klein. Die zweisprachige Inschrift erinnert an das Hospital, das damals hier stand. Auf dem Grundstück Friedrichstraße 129 befanden sich einst ein Krankenhaus, ein Friedhof, eine Armenbäckerei, eine Suppenküche, ein Waisenhaus, eine Schule, eine Pension für ältere Damen und andere Einrichtungen der Berliner Hugenotten. 1944/45 zerstörten Bomben einen Großteil der Gebäude. Der Pelikan, der dem antiken Mythos zufolge seine Jungen mit dem eigenen Herzblut ernährt, steht hier als Sinnbild der Barmherzigkeit.

Am Eingang zu dem Komplex erzählen Graffiti die Geschichte der Einrichtungen. Erhalten geblieben ist lediglich ein Flügel des Hospitalneubaus von 1878, der jetzt die Kindertagesstätte »Pelikan« beherbergt. Zudem steht noch eine Reihe von Wohnhäusern, 1924/25 errichtet vom Architekten Paul Zimmerreimer. Das sogenannte Hugenottenviertel war zu DDR-Zeiten eine bevorzugte Adresse von Künstlern und Intellektuellen. Inzwischen wurden die Bauten aufwendig saniert.

Hinter hohen Bäumen beginnt ein ausgedehntes Gelände, das zur veterinärmedizinischen Fakultät der Humboldt-Universität gehört. Wir durchqueren es und kommen zur Hannoverschen Straße. Dort steht ein Gebäude, in dem einst die Ständige Vertretung der Bundesrepublik Deutschland in der DDR saß und das heute vom Bundesbildungsministerium genutzt wird. Bis

*I. Französischer Friedhof: Grabmäler Ludwig Devrient, Daniel Chodowiecki, Pierre Louis Ravené*

1989 flüchten immer wieder DDR-Ausreisewillige hierher, moderne Refugiés, und an dem Eckhaus Hannoversche/Chausseestraße lebte bis 1976 ein anderer und besonders spektakulärer Refugié, der Sänger und Dichter Wolf Biermann. Flucht und Flüchtlinge sind diesem Stadtquartier gleichsam eingeschrieben.

**I. FRIEDHOF DER FRANZÖSISCH-REFORMIERTEN GEMEINDE:** Der I. Kirchhof der französisch-reformierten Gemeinde in der Chaussestraße 127 besteht seit 1780. Damals lag er außerhalb der Stadtmauer, in der Oranienburger Vorstadt. Ein gusseisernes, leicht beschädigtes Schild bezeichnet den Eingang. Der berühmte Friedhof der Dorotheenstädtischen und der Friedrichwerderschen Gemeinde liegt unmittelbar benachbart.

Die Hauptwege auf dem Französischen Friedhof werden von Hecken gesäumt. Robinien, Rosskastanien und Spitzahorn spenden Schatten, manche der Bäume stehen seit mehr als hundertfünfzig Jahren. Einige historische Grabstätten sind erhalten. Da ist das von Friedrich August Stüler gestaltete Grab des Pierre Louis Ravené (1793–1861), Stahl- und Eisenhändler, den der Eisenbahnbau reich machte, außerdem war er ein Kunstmäzen. Ein anderer Schinkel-Schüler, Heinrich Strack, entwarf das klassizistische Grabmal für Frédéric Ancillon, Philosoph, preußischer Staatsmann und Prinzenerzieher von König Friedrich Wilhelm IV, der sich außerdem als Kunstmäzen hervor-

*II. Französischer Friedhof: Grabmal der Eheleute Fontane*

tat. Ludwig Devrient liegt hier begraben, gefeierter Darsteller und Hofopernintendant, Freund und Zechkumpan des Dichters E.T.A. Hoffmann, beide saßen gern und lange im Weinkeller von Lutter & Wegner in der Französischen Straße. Das Grab von Daniel Chodowiecki ist eine Rekonstruktion. Der aus Danzig stammende Sohn einer Hugenottin heiratete in die Berliner Hugenottenkolonie ein. Nach seiner Ausbildung als Emaillemaler eröffnete er eine eigene Werkstatt. Später erlangte er als Kupferstecher und Buchillustrator Weltruhm.

Ab 1836 fanden Begräbnisse der Französisch-Reformierten Gemeinde noch auf einem weiteren Friedhof statt, dem in der Liesenstraße. Er wurde im Zweiten Weltkrieg teilweise zerstört; nach 1961, beim Bau der Berliner Mauer, wurden weitere Gräber beseitigt. Das von Bomben beschädigte Grab Theodor Fontanes und seiner Frau Emilie, nach Kriegsende neu angelegt, lag drei Jahrzehnte lang unerreichbar im DDR-Sperrgebiet.

**THEODOR FONTANE,** der Name schrieb sich ursprünglich »Fontaine«, entstammte einer Familie südwestfranzösischer Hugenotten. Geboren in Neuruppin, erlernte er den väterlichen Apothekerberuf und ging 1845 nach Berlin, wo er erste Gedichte veröffentlichte und schließlich freier Autor war. Als Journalist, Theaterkritiker, Balladendichter, Reiseschriftseller und, vor

*Französisch Buchholz: Ortskern, Friedensdenkmal, Schulhaus*

allem, Romancier hatte er Erfolg. Seine Frau, eine geborene Rouanet, hatte gleichfalls hugenottische Wurzeln. Dies alles hinterließ Spuren in seinem Werk; manche seiner Romanfiguren gehören zu Berlins französischer Kolonie; in einem Essay, »Die Märker und die Berliner und wie sich das Bürgertum entwickelte«, beschreibt er die Bedeutung der Refugiés für die aufstrebende Hauptstadt.

**FRANZÖSISCH BUCHHOLZ:** Auch die eher bescheidene Küche Brandenburg-Berlins erfuhr durch die Refugiés einiges an Invention. Die Verwendung von Küchenkräutern, der Spargelanbau, der Verzehr von grünen Bohnen, Blumenkohl und Artischocken gehen auf die Hugenotten zurück. Im damals noch weit vor den Toren Berlins gelegenen Angerdorf Buchholz siedelten sich Gärtner und Gemüsebauern an. Ab 1750 hieß das Dorf dann Französisch-Buchholz und wurde zu einem beliebten Ausflugsziel. Eine Radierung Chodowieckis, »Wallfahrt nach Frantzösch Buchholz«, zeigt eine aufgeputzte Reisegesellschaft, die mit Musik und Genussmitteln unterwegs ist zu einem Picknick, der mitgeführte Esel äpfelt den Damen vor die edlen Schuhe.

Inzwischen gehört Französisch Buchholz zu Berlin. Wir wollen dort nach hugenottischen Spuren suchen und fahren mit der S-Bahn bis zum

*Kossätenhof in Französisch Buchholz*

S-Bahnhof Pankow, wo wir in die Straßenbahn 50 wechseln. Im Ortskern von Französisch Buchholz steigen wir aus.

Am Dorfanger stehen ein paar alte Häuser, darunter ein Kossätenhof aus dem 18. Jahrhundert, dann noch Stallungen und das Schulhaus, ein Fachwerkbau. Eine Bronzeskulptur vor der örtlichen Sparkasse zeigt eine Frauengestalt, offensichtlich Bäuerin, die etwas in der Hand hält, bei dem es sich wohl eine um eine Artischocke handelt. Auf dem Friedhof finden sich Gräber mit französischen Namen.

Mehrere Straßen heißen nach französischen Städten wie Nantes und La Rochelle; die Benennung ist jüngeren Datums und wohl als Referenz an die hugenottische Vergangenheit der Ortschaft zu verstehen. Ebenso wie der Name des Gasthofs »Zum eisernen Gustav« neben der Kirche, in den wir einkehren: Der Fuhrunternehmer Gustav Hartmann, genannt Eiserner Gustav, fuhr 1928, aus Trotz gegen die fortschreitende Motorisierung, mit seiner Pferdedroschke von Berlin nach Paris, also in das Heimatland der Hugenotten.

*Kirche in Französisch Buchholz*

## ADRESSEN ZUR TOUR

**Französischer Dom**
Gendarmenmarkt 7
10117 Berlin
Telefon: 030-526 80 21 - 0
E-Mail: shop@franzoesischer-dom.berlin
www.franzoesischer-dom.berlin/de

**Hugenottenmuseum Berlin**
Französischer Dom
Gendarmenmarkt 5
10117 Berlin
Telefon: 030 2291760
www.hugenottenmuseum-berlin.de
Museumsleitung
Telefon: 030-206 164 9 41
ewald@hugenottenmuseum-berlin.de
Archiv
violet@hugenottenmuseum-berlin.de
Telefon: 030-206 16 49 51

**Deutscher Dom**
Gendarmenmarkt 2
10117 Berlin
Telefon: 030-227 30 432 und 030 227 304 31
E-Mail: historischeausstellung@bundestag.de.
www.bundestag.de

**Konzerthaus Berlin – Schauspielhaus am Gendarmenmarkt**
Gendarmenmarkt 5-6
10117 Berlin
Telefon: 030-203 09 21 01
www.konzerthaus.de

**Hugenottenviertel**
Friedrichstraße 129
10117 Berlin
hinter Dreispitzcenter an der Friedrichstraße)
www.hugenottenviertel.de

*Restaurant zum Eisernen Gustav*

**Französische Friedhof I**
Chausseestraße 127
10115 Berlin

**Kirchhof II:**
Liesenstraße. 7
13355 Berlin

**Kirchhof III:**
Wollankstraße 50
13359 Berlin

**Verwaltung der französischen Kirchhöfe**
Liesenstr. 7
10115 Berlin
Telefon: 030-494 53 79
E-Mail: kirchhoefe@franzoesische-kirche.de
www.franzoesische-kirche.de

**Dorfanger Buchholz**
an der Hauptstraße mit Dorfkirche, Dorfschule und Stall, Hofanlagen, Wohnhäusern mit Vorgarteneinfriedungen, Rest eines Lennèparks

**Zum Eisernen Gustav**
Hauptstraße 59A
13127 Berlin
Telefon: 030-914 25 707
www.dereisernegustav.de

# 5 Erinnerung und Trauer

## *Juden in Berlin*

*Kuppel der Neuen Synagoge in der Oranienburger Straße*

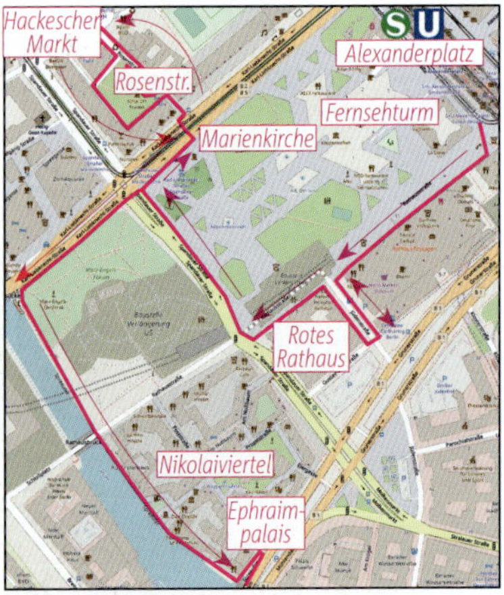
Hackescher Markt
Rosenstr.
Alexanderplatz
Fernsehturm
Marienkirche
Rotes Rathaus
Nikolaiviertel
Ephraim-palais

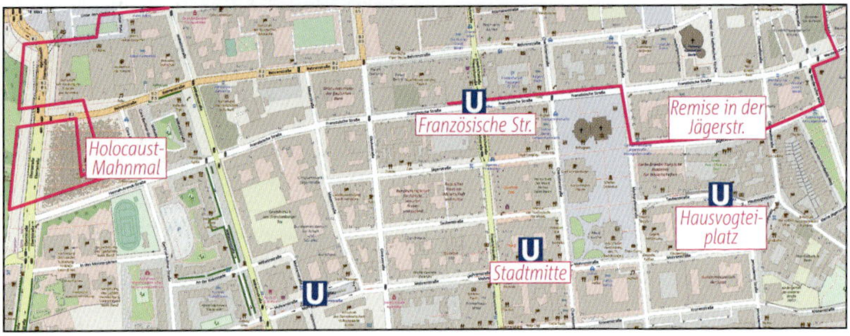
Französische Str.
Remise in der Jägerstr.
Holocaust-Mahnmal
Hausvogtei-platz
Stadtmitte

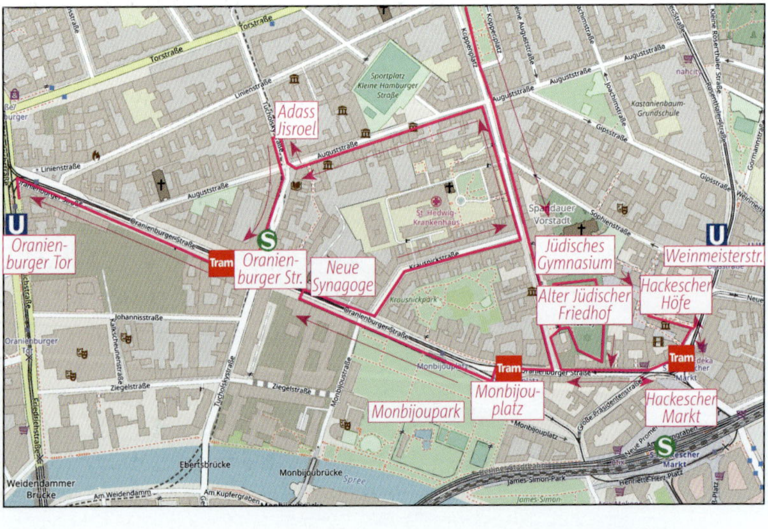
Adass Jisroel
Oranien-burger Tor
Tram
Oranien-burger Str.
Neue Synagoge
Jüdisches Gymnasium
Weinmeisterstr.
Alter Jüdischer Friedhof
Hackescher Höfe
Monbijou-platz
Monbijoupark
Hackescher Markt

## SPAZIERGANG KOMPAKT

**Anreise:** S3, S5, S7, S9, U2, U5, U8

**Start:** Alexanderplatz

**Ziel:** Holocaust-Mahnmal

**Abreise:** S-Bahnhof Hackescher Markt

**Streckenlänge:** 10.1 km

**Verlauf:** Rathaustraße, Jüdenstraße, Spandauer Straße, Karl-Liebknecht-Straße, Rosenstraße, Spreeufer, Mühlendammbrücke, Breite Straße, Schloßplatz, Werderscher Markt, Oberwallstraße, Jägerstraße, Französische Straße, Hallesches Ufer, Lindenstraße, Oranierburger Straße, Tucholskystraße, Auguststraße, Krausnickstraße, Große Hamburger Straße, Oranienburger Straße, Hackescher Markt, Unter den Linden, Eberstraße

**Besichtigung:** Jüdenstraße, Alexanderplatz, Rosenstraße, Nikolaiviertel mit Ephraimpalais, Remise in der Jägerstraße, Jüdisches Museum, W. Michael Blumenthal Akademie, Neue Synagoge, Centrum Judaicum, Gemeindezentrum Adass Jisroel Tucholskystraße, Krausnickstraße, Jüdischer Friedhof Große Hamburger Straße, Jüdisches Gymnasium, Koppenplatz, Hackesche Höfe, Holocaust-Mahnmal

**Einkehrmöglichkeiten:** Beth Café, Restaurant Hummus & Friends

Scholem alejchem Berlin: Do bin ich! A Giten Tog. West du mir sein a freund?«

Der so redet, heißt Kaftan und ist die Titelfigur in Walter Mehrings Theaterstück »Der Kaufmann von Berlin«. Er kommt aus Galizien, sein Idiom ist jiddisch, und das Handlungsjahr ist 1923.

Damals lebten in Berlin über 170.000 Menschen jüdischen Glaubens. Bei einer Gesamtbevölkerung von vier Millionen scheint das nicht sonderlich viel. Gleichwohl fielen sie auf, nicht nur durch ihre Sprache, auch durch ihre Gestik, durch ihre Bräuche und manche durch ihre Kleidung. Zudem konzentrierten sie sich gerne in bestimmten Quartieren, deren bekanntestes südlich des Alexanderplatzes lag: die Spandauer Vorstadt.

Dorthin wollen wir aufbrechen. Wir verlassen den Bahnhof und gehen die Rathauspassagen entlang in Richtung Rotes Rathaus. Die Gebäude hier sind allesamt späte DDR-Architektur. Wir kommen zur Jüdenstraße. Die ist eine Erinnerung an das Mittelalter. Ihren Name erhielt sie nach dem Großen Jüdenhof nahe dem Molkenmarkt, einem Ensemble aus einzelnen Fachwerkhäusern. Urkundlich nachweisbar sind Juden in der Stadt seit dem Jahre 1295. Dies war bereits die Zeit der durch die Kreuzzüge angeheizten

*Straßenbezeichnung am Roten Rathaus, Gedenksteine bei der Marienkirche und in der Mollstraße*

Judenverfolgungen, die auch Berlin nicht ausließen; zwar gab es hier kein förmliches Getto, also keine durch Mauern und Tore eingegrenzte Judenstadt, aber auch Berlins Juden wurden elementare Rechte verweigert, und mehrfach wurden sie aus der Stadt vertrieben (Der Gedenkstein für ein Pogrom 1510 steht jenseits des Alexanderplatzes in der Mollstraße 11). Ständig präsent waren Juden in Berlin erst ab 1671. Die Jüdenstraße bewahrt keinerlei historische Erinnerung an diese Vergangenheit, außer in ihrem Verlauf und ihrem Namen.

**MOSES MENDELSSOHN:** Wir nähern uns der Marienkirche, Berlins zweitältestem christlichen Gotteshaus. In der Nähe befindet sich ein Gedenkort: In die Steine des Bodens eingelassen sind die Umrisse eines alten Wohnhauses, zur Erinnerung an den Mann, der einst hier lebte. Die Inschrift teilt uns seinen Namen und seine Lebensdaten mit. Moses Mendelssohn stammte aus Dessau. Dreizehnjährig brach er auf, um seinem Lehrer, einem berühmten Rabbiner, nach Berlin zu folgen. Er selbst war verwachsen und sprach, als er in Dessau aufbrach, bloß hebräisch und jiddisch. Völlig mittellos, verdingte er sich als Hauslehrer und begann zu lernen, Sprachen zunächst; am Ende seines Lebens beherrschte er Latein, Griechisch, Französisch, Englisch und Deutsch. Ein wohlhabender jüdischer Seidenfabrikant stellte ihn ein und übertrug ihm später die Geschäfte.

*Denkmal für die Rosenstraßen-Proteste von Ingeborg Hunzinger*

Der Dichter Gotthold Ephraim Lessing war mit Mendelssohn befreundet und nahm ihn zum Vorbild der Titelfigur seines Stückes »Nathan der Weise«. Mendelssohn war belesen und hochgebildet, so übersetzte er aus dem Alten Testament und schrieb Essays. Es war das Zeitalter der Aufklärung, Mendelssohn gehörte ihr an und wurde Begründer der Haskala, der jüdischen Aufklärung, die auf Emanzipation setzte, auf Ausgleich, auf eine Trennung von Religion und Gesellschaft. Dessen ungeachtet blieb er, anders als seine Nachkommen, dem mosaischen Glauben lebenslang treu.

**ROSENSTRASSE:** In der Rosenstraße/Ecke Heidereitergasse, stand die erste Berliner Synagoge. Sie existiert nicht mehr. Prominent wurde die Gegend durch ein Ereignis aus jüngerer Zeit: In der Rosenstraße 2–4 stand das Haus einer ehemaligen jüdischen Wohlfahrtsbehörde. Am 23. Februar 1943 begann die nazistische Geheimpolizei mit dem massenhaften Abtransport von Berliner Juden, Ziel waren die Vernichtungslager. Am 27. Februar versammelten sich in der Rosenstraße nichtjüdische Frauen, um gegen die Festnahme ihrer jüdischen Ehemänner zu protestieren. An den Folgetagen wiederholten sich die Proteste, wobei die Menge anwuchs. Die Polizei versuchte sie auseinanderzutreiben, ohne Erfolg. Den Behörden wurde die Sache schließlich so unangenehm, dass die betroffenen Ehemänner wieder freikamen. Zweitausend Menschen sollen so gerettet worden sein.

*Ephraim-Palais, Wappen der Familie Mendelssohn, Gedenktafel für Rahel Varnhagen*

**EPHRAIM-PALAIS:** Kehren wir zurück zu Moses Mendelssohn. Dessen Wirken wäre nicht möglich gewesen, hätte es im Berlin jener Zeit nicht ein interessiertes, gebildetes, wirtschaftlich potentes jüdisches Bürgertum gegeben. Zu ihm gehörte der Bankier Veitel Heine Ephraim, Finanzier des regierenden Königshauses und Münzmeister des kriegsführenden Fridericus Rex. 1762 kaufte er sich am Mühlendamm ein Stadthaus und ließ es aufwändig umbauen. Er lebte darin. Das Palais blieb im Familienbesitz bis 1823, dann ging es über in städtischen Besitz. Die Nazis ließen es abreißen, einzelne Bauelemente, so die Fassade, wurden aufbewahrt.

Die DDR wollte das Gebäude neu errichten, Anlass war die 750-Jahr-Feier Berlins 1987. Die eingelagerten Teile befanden sich im Berliner Westen, der sie an den Osten übergab. Das wiedererstandene Ephraimpalais steht nicht exakt an seinem Ursprungsort, sondern zwölf Meter davon entfernt. Immerhin gab es nun, vorzüglich hergerichtet auch im Innern, eine der schönsten Rokokoarchitekturen der Stadt wieder, die heute für Ausstellungen genutzt wird..

Veitel Ephraim und Moses Mendelssohn waren noch Einwohner minderen Ranges; das friderizianische Berlin kannte für Juden fünf bürgerrechtliche Abstufungen. Schutzjuden, zu denen Ephraim gehörte, stellten den höchstmöglichen Rang. Dies alles endete erst 1812 mit der Judenbefreiung durch die preußischen Reformen.

*Innenhof in der Jägerstraße, Bronzeskulpturen von Fanny und Felix Mendelssohn*

**SALONKULTUR:** Einflussreich, zumal kulturell, waren jüdische Bürgerfamilien zuvor schon gewesen. Jetzt waren sie es noch nachdrücklicher. Der von einer Frau geführte Salon, im höfischen Klima des barocken Frankreichs entstanden, wurde verbürgerlicht in Berlin heimisch, geführt haben ihn zumeist Jüdinnen, so Amalie Beer, Mutter des Komponisten Giacomo Meyerbeer, Henriette Herz, Frau eines renommierten Arztes, und Rahel Levin, verheiratete Varnhagen.

**FANNY UND FELIX MENDELSSOHN:** Bei ihr verkehrten auch Nachkommen von Moses Mendelssohn, vor allem die Enkel Fanny und Felix. Beide waren musikalisch hochbegabt . Beide taten sich als Interpreten und als Komponisten hervor, freilich blieb Fanny die künstlerische Karriere versagt. Sie heiratete einen Kunstmaler, Wilhelm Hensel, ihre kompositorischen Arbeiten sind in vollem Umfang erst seit 1965 zugänglich.

Die Werke ihres Bruders Felix Mendelssohn Bartholdy gehören zu den wichtigsten und populärsten Stücken der deutschen Romantik. Er war Dirigent am Leipziger Gewandhaus, er hat sich erfolgreich um die damals fast vergessenen Werke Georg Friedrich Händels und Johann Sebastian Bachs gekümmert. Ein Grundstück der Familie befand sich in der Jägerstraße; erhalten blieb eine Hinterhof-Remise, die jetzt Gedenkstätte und Veranstaltungsort ist.

*Jüdisches Museum: Haupteingang, Seitenansichten*

Wir gehen zum U-Bahn-Eingang Französische Straße und fahren mit der Linie U6 zum Halleschen Tor. Ebenso hätten wir, es ist ein schöner Spätsommertag, unser Ziel zu Fuß erreichen können, auf der Ober- und der Niederwallstraße, immer in südlicher Richtung, die Leipziger Straße überquerend und weiter bis zur Lindenstraße. Unser Ziel dort ist das Jüdische Museum.

**JÜDISCHES MUSEUM:** Sein Äußeres macht es unverwechselbar. Sein Schöpfer Daniel Libeskind ist der neben Frank Gehry bekannteste Vertreter des architektonischen Dekonstruktivismus, dem es darum geht, die herkömmlichen, den rechten Winkel nutzenden Bauformen, wie sie auch das dem Museum zugehörige barocke Kollegienhaus zeigt, völlig aufzubrechen. Libeskinds Grundriss ist zickzackförmig. Man könnte einen auseinandergerissenen Davidstern darin sehen. Die Außenwände sind mit silbrigen Metallen verkleidet. Die Fenster ähneln Schlitzen. Im Inneren treffen drei Achsen aufeinander, das dekonstruktivistische Prinzip setzt sich überall fort, die Böden verlaufen schräg, die entstandenen Räume vermeiden das Rechteck. Mehrere Voids genannte Leerräume erstrecken sich vom Keller bis zu den Obergeschossen. Es gibt den Holocaustturm mit seinem nackten, beklemmend düsteren Kellerverlies. Es gibt eine Freifläche mit Stelen, erinnernd an jüdische Friedhöfe. Es gibt eine kleine Grünanlage, die Garten des Exils heißt. Die reichhaltige

*W. Michael Blumenthal Akademie*

Ausstellung erzählt zweitausend Jahre deutsch-jüdischer Geschichte bis zur Shoa und darüber hinaus.

Libeskind hat nach der Museumseröffnung 1999 in der ihm eigenen Ästhetik noch zwei Erweiterungsbauten betreut. Eines davon ist die W. Michael Blumenthal Akademie, bestimmt für Forschungen und Veranstaltungen, benannt nach dem langjährigen Direktor des Museums.

Wir kehren zurück zur Station Hallesches Tor und fahren mit der U6 bis zur Haltestelle Oranienburger Tor. Hier beginnt jenes Viertel, das Spandauer Vorstadt hieß und wo sich auch Walter Mehrings Theaterfigur Kaftan bewegte. »Hierher kommen die Emigranten, die über Hamburg und Amsterdam nach Amerika wollen. Hier bleiben sie oft stecken. Die Ostjuden, die nach Berlin kommen, haben oft ein Durchreisevisum, das sie berechtigt, zwei bis drei Tage in Deutschland zu bleiben. Es sind schon manche, die nur ein Durchreisevisum hatten, zwei bis drei Jahre in Berlin geblieben.« So schrieb 1927 der Schriftsteller Joseph Roth.

**NEUE SYNAGOGE:** Unübersehbares Monument der jüdischen Vergangenheit des Quartiers ist die 1866 errichtete Neue Synagoge in der Oranienburger Straße. Ihr Architekt war der Schinkelschüler Friedrich August Stüler. Ihre große goldene Kuppel wollte sich triumphierend behaupten neben den Kup-

*Neue Synagoge, Sitz von Adass Jisroel, Kaffeehausschild*

peln vom Berliner Schloss und Berliner Dom. 1938 wurde das Gebäude von Hitlers SA in Brand gesteckt, 1943 hinterließ ein Bombenangriff schwere Schäden. Nach 1945 kümmerte sich die kleine jüdische Gemeinde Ost-Berlins um die erhaltenen Teile, 1988 begann eine umfassende Rekonstruktion, 1995 fertig gestellt und eröffnet, dient der Bau seither als Centrum Judaicum.

Jüdisches auch sonst. Auf der Oranienburger Straße existiert ein jüdisches Restaurant. In der Tucholskystraße sitzen der Zentralrat der Juden in Deutschland und die orthodox-jüdische Gemeinde Adass Jisroel, 1885 entstanden, als Gegenentwurf zur Praxis des liberalen Judentums.

Andere israelitische Einrichtungen des Quartiers sind die ehemalige jüdische Mädchenschule in der Auguststraße, heute ein Nobelrestaurant, und das Denkmal für die jüdischen Bürger Berlins auf dem Koppenplatz. Es heißt »Der verlassene Raum«. Es zeigt einen etwas altertümlichen leeren Tisch, mit zwei Stühlen, der eine herangerückt, doch unbesetzt, der andere umgestoßen. Auf der Umrandung stehen Verse der jüdischen Lyrikerin Nelly Sachs, darunter die Zeile »Und Israels Leib im Rauch durch die Luft«.

**REGINA JONAS**: In der Krausnickstraße befand sich das Wohnhaus von Regina Jonas. Sie war der erste weibliche Rabbiner Berlins. Zunächst Lehrerin an verschiedenen Lyzeen, studierte sie Judaismus und schloss ab mit einer Prü-

*Erinnerung an Regina Jonas, Gedenkzeichen, Grabmal Moses Mendelssohn*

fung bei dem berühmten Leo Baeck. Das »Fräulein Rabbi« durfte in der Neuen Synagoge predigen, nach 1935 trat sie auf bei bedrohten und verfolgten Gemeinden anderswo im Land. 1942 wurde sie gemeinsam mit ihrer alten Mutter deportiert. Im KZ Theresienstadt hat sie noch Gottesdienste abgehalten. 1944 wurde sie in Auschwitz ermordet.

In der Großen Hamburger Straße steht das jüdische Gymnasium, vor dem ständig bewaffnete Polizisten patrouillieren. Der alte jüdische Friedhof nahebei wurde von 1672 bis 1827 genutzt, Moses Mendelssohn liegt hier begraben, ebenso Veitel Ephraim und Henriette Herz' Ehemann Marcus. Auf jüdischen Friedhöfen ist es üblich, auf das besuchte Grabmal einen Stein zu legen. Am Eingang des Friedhofs in der Großen Hamburger Straße steht eine Plastik. Sie zeigt eine Figurengruppe, magere Frauen mit ihren Kindern an der Hand. Auf dem Sockel der Plastik liegen viele Steine.

**OTTO WEIDT:** Wir gehen weiter zur Rosenthaler Straße. Im Haus Nummer 39 eröffnete bald nach Beginn des Zweiten Weltkriegs der gelernte Tapezierer Otto Weidt eine Besen- und Bürstenbinderei. Sie galt als kriegswichtiger Betrieb, was Weidt ausnutzte, um verfolgte Berliner Juden zu beschäftigen und so vor der Deportation zu retten. Er ließ auch Pässe fälschen. Er bestach Behörden, versteckte bedrohte Personen und versorgte Häftlinge im KZ The-

*Große Hamburger Straße: Jüdisches Gymnasium, Jüdischer Friedhof und jüdische Grabmäler*

resienstadt mit Paketen. Einer Bekannten verhalf er zur Flucht aus dem KZ Auschwitz. Die Räume seiner Werkstatt sind heute ein Museum.

**HACKESCHE HÖFE:** Wir stehen vor den Hackeschen Höfen. Sie sind die größte Ausführung einer in Berlin vielfach anzutreffenden Einrichtung: des Gewerbehofs für Kleinbetriebe. 1908 entstanden zwischen der Rosenthaler und der Sophienstraße insgesamt acht Höfe, mit Zugängen zu beiden Straßen, mit Gewerbeflächen, Wohnungen, auch gastronomischen und kulturellen Einrichtungen; in dem Neoparthetischen Cabaret, das hier spielte, traten jüdische Künstler wie Else Lasker-Schüler und Jakob van Hoddis auf.

Zu DDR-Zeiten waren die Hackeschen Höfe, wiewohl denkmalgeschützt, ein eher schmuddeliges und ziemlich vernachlässigtes Ensemble. Ab 1994 wurden sie dann aufwendig saniert, heute sind sie eine ebenso noble wie teure Adresse. Manchmal treten hier Klezmermusiker auf, Interpreten jener Unterhaltungsmusik osteuropäischer Juden, deren wichtigstes Instrument die Klarinette ist. Bei den Klezmerkonzerten in den Hackeschen Höfen sind weder die Zuhörer noch die Interpreten Juden.

Wir gehen auf der Oranienburger Straße bis zum S-Bahnhof und fahren mit der Linie 1 bis zum Brandenburger Tor. Dort gehen wir die kurze Strecke bis zum Holocaust-Denkmal.

*Erster Innenhof der Hackeschen Höfe*

In ihrem Viertel, in dem Gassenkot,
Wo sich der große Mond durch Dünste drängt,
Und sinkend an dem niedern Himmel hängt,
Ein ungeheurer Schädel, weiß und tot,

Da sitzen sie die warme Sommernacht
Vor ihrer Höhlen schwarzer Unterwelt,
Im Lumpenzeuge, das vor Staub zerfällt
Und aufgeblähte Leiber sehen macht.

Uraltes Volk schwankt aus den tiefen Löchern,
An ihre Stirn Laternen vorgebunden.
Bergmännern gleich, die alten Vagabunden.
Um einen Stock die Hände, dürr und knöchern.

*(Georg Heym: »Die Vorstadt«)*

**HOLOCAUST-DENKMAL:** Es ist dies der steingewordene Versuch, den Tod von sechs Millionen Menschen, ermordet in deutschem Namen, zu erinnern, zu bedenken und zu betrauern. Angeregt wurde das Mahnmal durch die Publizistin Lea Rosh, realisiert wurde der Entwurf des US-Architekten Peter Ei-

*Denkmal »Der verlassene Raum«*

senman und des US-Bildhauers Richard Serra. Entstanden ist auf 19.000 Quadratmetern ein Areal aus 2.711 steinernen Quadern unterschiedlicher Höhe, linear angeordnet, zwischen ihnen können sich die Besucher bewegen. Die riesige Dimension der Anlage möchte an die Dimension der Shoa erinnern. Die Stelen ähneln Grabsteinen auf Friedhöfen.

2005 war das Mahnmal fertiggestellt. Aufgesucht wird es alljährlich von viereinhalb Millionen Menschen. Dass es eindrucksvoll ist, wird niemand bestreiten; dass seine Botschaft durchweg wahrgenommen wird, ist nicht sicher. Kinder hüpfen auf den Stelen herum, lächelnde Touristen schießen vor den Quadern ihre Selfies. Ein am Rand des Stelenfeldes untergebrachtes Informationszentrum informiert ausführlich und eindrucksvoll. Nicht alle Besucher nehmen es wahr.

Die Zahl der Menschen jüdischen Glaubens in Berlin in den 1920er Jahren, wir sagten es, betrug über 170.000. Das war ein Drittel aller Juden im Land. Die israelitische Gemeinde Berlins ist auch heute wieder die zahlenstärkste im Land, einen Großteil der Mitglieder stellen Kontingentflüchtlinge aus der Sowjetunion. Die Zahl der Menschen jüdischen Glaubens in Berlin beträgt heute zehntausend.

Die jüdische Dichterin Else Lasker-Schüler schrieb einmal: »Der Fels wird morsch, / Dem ich entspringe / Und meine Gotteslieder singe.« Sie schrieb:

*Denkmal am Jüdischen Friedhof Große Hamburger Straße*

»Jäh stürz ich vom Weg / Und riesele ganz in mir / Fernab, allein über Klage-gestein / Dem Meer zu.«

## ADRESSEN ZUR TOUR

**Neue Synagoge**
Oranienburger Straße 28 – 30
10117 Berlin
Stiftung Neue Synagoge Berlin –
Centrum Judaicum
Oranienburger Str. 28/30
10117 Berlin
Telefon: 030-880 28 316
E-Mail: info@centrumjudaicum.de
www.centrumjudaicum.de

**Beth Café**
Tucholskystraße 40
10117 Berlin
Telefon: 030 281 31 35
E-Mail: adassjisroelberlin@web.de
www.adassjisroel.de

**Hummus & Friends**
Oranienburger Straße 27
10117 Berlin
Telefon: 030-554 71 454
E-Mail: info@hummus-and-friends.de
www.hummus-and-friends.com

**Gedenkort Synagoge Kleine Auguststraße**
Kleine Auguststraße 10
10117 Berlin ok

**Jüdischer Friedhof**
Große Hamburger Str. 26
10117 Berlin
Tel.efon: 0 30-88 02 8 - 0
www.jg-berlin.org/judentum/friedhoefe/
grosse-hamburger-strasse.html

*Stolperstein in der Tucholskystraße*

**Jüdisches Gymnasium Moses Mendelssohn**
Große Hamburger Str. 27
10115 Berlin
Telefon: 030-726 26 57 -00
E-Mail: info@jgmm.de
www.jgmm.de

**Wohnhaus Regina Jonas**
Krausnickstraße 6
10115 Berlin

**Gedenkort Rosenstraße**
Rosenstraße 2–4
10178 Berlin

**Gedenkstein für die Opfer der Berliner Judenverbrennung**
Mollstraße 11
10178 Berlin

**Denkmal Der verlassene Raum**
Koppenplatz 1–10
10115 Berlin

**Museum Blindenwerkstatt Otto Weidt**
Rosenthaler Straße 39
Erster Hof, linker Aufgang
10178 Berlin
Telefon: 030-28 59 94 07
E-Mail: info@museum-blindenwerkstatt.de
www.museum-blindenwerkstatt.de

**Mendelssohn-Remise**
Jägerstraße 51
10117 Berlin
Telefon: 030-817 047 26
E-Mail: post@mendelssohn-gesellschaft.de
www.mendelssohn-gesellschaft.de/gesellschaft/ausstellung

**Jüdisches Museum Berlin**
Lindenstraße 9–14
10969 Berlin
Telefon: 030-259 93 300
E-Mail: info@jmberlin.de
www.jmberlin.de

*Fenster mit Bastelarbeiten*

**W. Michael Blumenthal Akademie**
Fromet-und-Moses-Mendelssohn-Platz 1
10969 Berlin
Programmleitung Akademie
Telefon: 030-259 93 469
d.wildmann@jmberlin.de
www.jmberlin.de/akademie

**Denkmal für die ermordeten Juden Europas**
Cora-Berliner-Straße 1
10117 Berlin
Telefon: 030-263 94 30
E-Mail: info@stiftung-denkmal.de
www.stiftung-denkmal.de

**Museum Ephraim-Palais**
Poststraße 16
10178 Berlin
Telefon: 030-240 02 162
E-Mail: info@stadtmuseum.de
www.stadtmuseum.de/museum/
museum-ephraim-palais

Denkmal für die ermordeten Juden Europas

# 6 Mietskasernen

## *Spandauer Vorstadt und SO 36*

*Altbaufassade in der Spandauer Vorstadt*

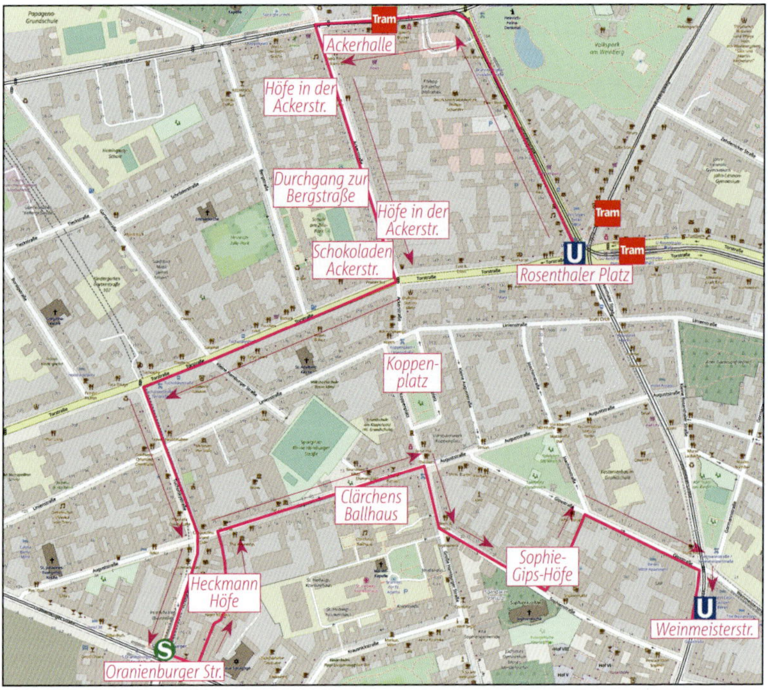
Tram
Ackerhalle
Höfe in der Ackerstr.
Durchgang zur Bergstraße
Höfe in der Ackerstr.
Schokoladen Ackerstr.
Tram
Tram
Rosenthaler Platz
Koppen-platz
Clärchens Ballhaus
Sophie-Gips-Höfe
Heckmann Höfe
Weinmeisterstr.
Oranienburger Str.

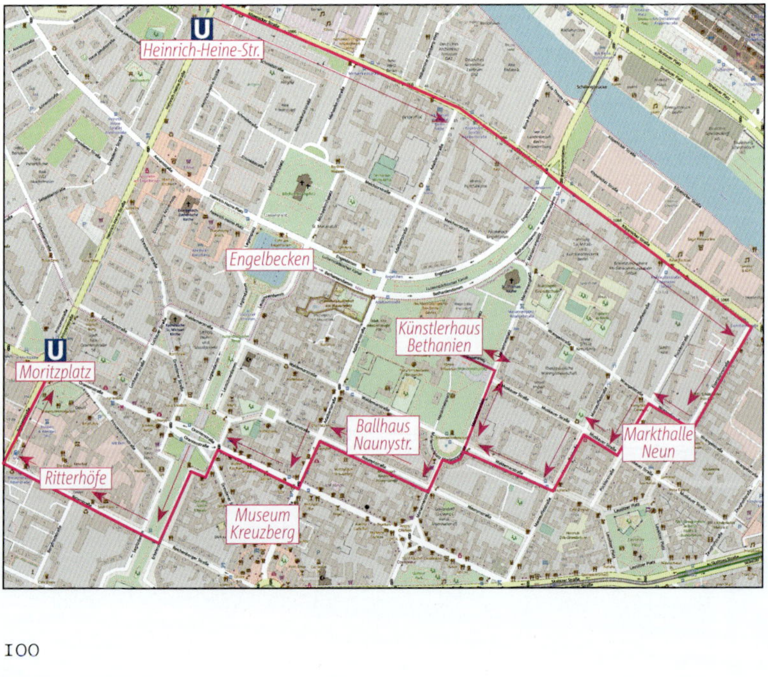
Heinrich-Heine-Str.
Engelbecken
Künstlerhaus Bethanien
Moritzplatz
Ballhaus Naunystr.
Markthalle Neun
Ritterhöfe
Museum Kreuzberg

## SPAZIERGANG KOMPAKT

**Anreise:** U6

**Start:** Gipsstraße

**Ziel:** Köpenicker Straße

**Abreise:** U8, U-Bahnhof Heinrich-Heine-Straße

**Streckenlänge:** 8,1 km

**Verlauf:** Gipsstraße, Sophienstraße, Große Hamburger Straße, Auguststraße, Oranienburger Straße, Tucholskystraße, Torstraße, Ackerstraße, Invalidenstraße, Brunnenstraße, Rosenthaler Platz, Moritzplatz, Prinzenstraße, Ritterstraße, Erkelenzdamm, Oranienstraße, Adalbertstraße, Naunynstraße, Mariannenstraße, Waldemarstraße, Manteuffelstraße, Muskauer Straße, Pücklerstraße, Wrangelstraße, Eisenbahnstraße, Köpenicker Straße

**Besichtigung:** Sophie-Gips-Höfe, Sammlung Hoffmann, Heckmann-Höfe, Ackerstraße zwischen Tor- und Invalidenstraße, Straßenzüge im SO 36, Künstlerhaus Bethanien, FHXB Friedrichshain-Kreuzberg Museum

**Einkehrmöglickeiten:** Barcomi's Deli in den Sophie-Gips-Höfen

Mietshäuser sind eine alte Einrichtung. Es gab sie bereits im antiken Rom für die Unterbringung der Plebs, als insula; die mehrstöckigen Gebäude waren oft schlampig gefertigt, mit Läden im Erdgeschoss, mit fehlender Wasserversorgung und schlechter Hygiene in den Oberetagen. Ähnliches hat sich bei der Wiederkehr dieses Haustyps in der jüngeren Geschichte wiederholt.

Den Anfang machte London. Erste Mietwohnungen, flats, gab es hier im 18. Jahrhunderts. Sie entstanden in der für England charakteristischen Reihenbauweise, bestimmt für eine in der Folge von Landflucht und beginnender Industrialisierung rasant anwachsende Bevölkerung.

**MIETSKASERNEN:** In Berlin geschah dergleichen erst später. Bis ins 17. Jahrhundert war Berlin eine Kleinstadt, verschmolzen aus den Teilen Alt-Berlin und Cölln. Die Industrielle Revolution und die Zuwanderungsströme von landflüchtigen Arbeitssuchenden führten zu einer beispiellosen urbanen Expansion. Um den alten Stadtkern entstanden in kürzester Zeit mehrere neue Quartiere. Bauland wurde parzelliert und verkauft (Bodenspekulation gibt es schon seit friderizianischer Zeit). Die Bauherren wollten auf möglichst kleinem Raum möglichst viele Menschen unterbringen.

Ab 1861 wuchsen in Mitte, im Wedding, am Gesundbrunnen, am Prenzlauer Berg, in Neukölln und in Kreuzberg die Mietkasernen. Bereits 1871,

*Hinterhof in der Ackerstraße, Spuren verschwundener Häuser in Acker- und Auguststraße*

so der Stadthistoriker Werner Hegemann, »wohnten in Berlin laut amtlicher Wohnungsstatistik 162.000 Menschen, das heißt ein Fünftel der damaligen Bevölkerung lebte in sogenannten ›übervölkerten‹ Kleinwohnungen«.

Solche Wohnungen waren mehr als nur klein. Meist mussten sich mehrere Personen ein einziges Zimmer teilen. Für die Betten gab es Tag- und Nachtbelegung, entsprechend den unterschiedlichen Arbeitsschichten in den Fabriken. Nur selten befanden sich sanitäre Anschlüsse in der Wohnung, die von mehreren Mietparteien benutzten Aborte lagen entweder im Treppenhaus oder auf dem Hof.

Zunächst erfolgte eine Blockrandbebauung. In die entstandene Freifläche wurden dann, über Durchgänge erreichbar, Quergebäude eingezogen. Die übliche Berliner Mietskaserne bestand aus Vorderhaus, Seitenflügeln und Quergebäuden, auch Hinter- oder Gartenhaus genannt. Auf den hinteren Höfen standen manchmal Remisen für Fuhrwerke.

Die Höhe der Häuser wie auch die Größe der Höfe waren durch baupolizeiliche Vorgaben bestimmt. In jedem Innenhof musste eine von Pferden gezogene Feuerspritze wenden können, woraus das Mindestmaß von 5,34 x 5,34 Metern resultierte. Die zu jener Zeit üblichen Feuerleitern konnten auf maximal 22 Meter ausgezogen werden, dies bestimmte das Maß der Berliner Traufhöhe.

Gewöhnlich hatte jedes Gebäude fünf Stockwerke. Erste Mieter, sogenannte Trockenbewohner, zogen bereits während der Bauarbeiten ein, zu vergleichsweise niedrigem Entgelt. Der verwendete billige Kalkmörtel sonderte starke Mengen von Feuchtigkeit ab, die Trockenbewohner beförderten mit ihrer Körperwärme und ihrem beim Atmen abgegebenen Kohlendioxid das Aushärten.

Mehrere der zumeist völlig gleichförmigen Mietshäuser ergaben einen Baublock, an dessen Rändern jeweils Straßen entlangliefen. Die oberen Etagen der Vorderhäuser wurden von Besserverdienenden bewohnt. Hier fiel reichlich Tageslicht ein. Im Parterre der Hinterhöfe herrschte ständige Dunkelheit, dort war es stinkend, feucht und schmutzig, Ratten liefen umher, überall gab es Wanzen, Flöhe und Fliegen, Seuchen grassierten, voran die Tuberkulose. Die Lebenszeit der Bewohner war kurz, der Profit des Vermieters beträchtlich.

Als aber Ostern fünfunddreißig heran war, verließen wir – und nun wurde manches anders – die reizende kleine Wohnung und übersiedelten, während das Geschäft noch eine Zeitlang in der Burgstraße verblieb, nach einem in der Großen Hamburger Straße gelegenen Neubau. Dieser Neubau war ein Doppelhaus, dessen gemeinschaftlicher Hof durch eine traurig aussehende niedrige Mauer in zwei Längshälften geteilt wurde. Trotzdem alles ganz neu war, war alles auch schon wieder wie halb verfallen, hässlich und gemein, und wie der Bau, so war auch – ein paar Ausnahmen abgerechnet – die gesamte Bewohnerschaft dieser elenden Mietskaserne. Lauter gescheiterte Leute hatten hier, als Trockenwohner, ein billiges Unterkommen gefunden: arme Künstler, noch ärmere Schriftsteller und bankrutte Kaufleute, namentlich aber Bürgermeister und Justizkommissarien aus kleinen Städten, die sich zur Kassenfrage freier als statthaft gestellt hatten … Wir wohnten Parterre. Das von mir bezogene Zimmer, das so feucht war, dass das Wasser in langen Rinnen die Wände hinunterlief, lag schon in einem uns von dem alten Judenkirchhof abtrennenden Seitenflügel, welch letzterer sich, nachdem man einen kleinen, sich einschiebenden Zwischenflur passiert hatte, weit nach hinten zu fortsetzte. Was in diesem letzten Ausläufer des Seitenflügels alles zu Hause war, war mehr interessant als schön.

*(Theodor Fontane: »Autobiografisches«)*

*Sophie-Gips-Höfe: Eingang, erster Hof, zweiter Hof*

Der Essayist Walter Benjamin hat das preußische Herrscherhaus beschuldigt, »das Kasernenwesen auf die Zivilbevölkerung« ausgedehnt zu haben. Höhnisch beschreibt er die »stattlich muntere Fassade«, durch die sich »die stinkende Ode der drei Höfe« verrate. Kurt Tucholsky schildert in einem Huldigungsgedicht an den »Milljöh«-Zeichner Heinrich Zille das Innenleben der Häuser: »Zweeter Uffjang, vierta Hof / wohnen deine Leute; / Kinder quieken: »Na, so doof!« / jestern, morjn, heute. / Liebe, Krach, Jeburt und Schiss ... / Du hast jesacht, wies is.«

Massenhaft erhalten haben sich solche Quartiere im Zeichen der DDR. Nach 1990 fand, wie zuvor schon im Westteil der Stadt, auch hier jene Veredelung statt, die gemeinhin Gentrifizierung heißt. Es ging und geht um bessere Wohnqualität, bei horrend steigenden Mieten oder hochprofitablem Verkauf.

Wir wollen wissen, wie es heute um das alte Mietshaus bestellt ist.

Wir beginnen unsere Erkundung am U-Bahnhof Weinmeisterstraße. In der Spandauer Vorstadt standen einst eine Menge alter Mietshäuser. Der Krieg hat ihnen schwere Wunden geschlagen, Bauten aus jüngerer Zeit füllen die Lücken. Wir gehen in die Gipsstraße. Die meisten Durchgänge sind blockiert, die Tore verschlossen. Wir halten vor dem Haus Nummer 12, einem Neubau, darin untergebracht ein Teppichgeschäft. Ein Schild weist auf die Sophie-Gips-Höfe hin. Der Durchgang ist frei.

*Sophie-Gips-Höfe: dritter Hof, Blick aus dem zweiten Hof, Textzitat im zweiten Hof*

**SOPHIE-GIPS-HÖFE:** Die Häuser der ersten beiden Höfe wurden im Zweiten Weltkrieg zerstört. Das Quergebäude aus gelbem Backstein hat einen Durchgang zum anschließenden Hof. Hier bespielt ein Restaurant gleich zwei Stockwerke, links befindet sich die Sammlung Hoffmann. Ein Zaun versperrt den Weg zum nächsten Hof. Dort ist es grün, ein Brunnen plätschert. Einst befand sich hier eine Nähmaschinenfabrik. Zu DDR-Zeiten wurde medizinisches Gerät produziert. Nach 1990 erwarb das Unternehmerehepaar Erika und Rolf Hoffmann die Immobilie, sanierte sie und brachte seine Sammlung moderner Kunst darin unter. Alle wichtigen Namen der zeitgenössischen Avantgarde sind in ihr vertreten, Ausstellungen wechseln jährlich, ein Besuch ist, nach telefonischer Anmeldung, an Samstagen möglich.

Der folgende Hof erweist sich als größer und heller. Nach einem weiteren Durchgang stehen wir auf der Sophienstraße. Hier, im Haus Nummer 21, befindet sich der übliche Zugang zur Sammlung Hoffmann.

Die Sophie-Gips-Höfe stellen in der Spandauer Vorstadt nicht das einzige Beispiel eines zu kommerziellen oder Ausstellungszwecken umgewidmeten ehemaligen Mietshauskomplexes dar. Ebenso verhält es sich mit den Heckmannhöfen, Auguststraße Nummer 9.

*Heckmann-Höfe: Durchgang zum zweiten Hof, Ansicht des zweiten Hofes, Pferderemise*

**HECKMANN-HÖFE:** Die Ursprünge reichen weit zurück, noch in die Zeit vor dem Einsetzen der Industriellen Revolution. Während des späten 17. Jahrhunderts begann die Bebauung der vor dem Spandauer Tor gelegenen Feldmark. Erster Eigentümer hier war der Tischler Heinrich Franz Carl Koehne, der zunächst an der Oranienburger Straße ein zweigeschossiges Wohnhaus besaß, mit Seitengebäuden, Scheune, Schuppen und eigenem Brunnen. Sein Unternehmen florierte. Es wurde daraus eine Holzhandlung, die Pferdefuhrwerke und eine Remise brauchte, die Koehnes kauften das Eckgrundstück Auguststraße/Artilleriestraße (heute Tucholskystraße) und bauten dort. Ein Telegrafenanschluss wurde gelegt. Das Ensemble erwarb schließlich der Kreuzberger Maschinenbauer Friedrich Wilhelm Heckmann, der den Höfen seinen Namen vermachte.

Die Holzlager der Koehnes ließ er durch Garagen ersetzen. Die damit entstandenen Strukturen haben sich bis heute erhalten: drei hintereinander liegende Höfe, zwei davon mit Wohnungen, der mittlere mit Gewerberäumen. Das Eingangshaus in der Auguststraße zeigt sich grau, verwittert, mit Graffiti besprüht. Der Durchgang ist mit Kopfstein bepflastert. Der erste Hof ist noch eng und dunkel, der nächste dann weit und licht. Die goldene Kuppel der Synagoge in der Oranienburger Straße wird sichtbar.

Die Mieter sind Restaurants, Shops, Galerien und ein kleines Theater. Ein Kunst- und Kreativquartier hat sich entwickelt. Die ehemalige Pferderemise

*Heckmannhöfe: Zugang Oranienburger Straße, Hofdurchgang, Fassade Ackerstraße*

steht als einzelnes Gebäude im Zentrum des Hofs, das Areal daneben ist abgesenkt für einen Kinderspielplatz. Ein Brunnen plätschert, sonst ist Stille, unterbrochen nur durch Vogelgezwitscher. In dem letzten Hof, der langgestreckt und lichtarm ist, steht süßlicher Geruch, hier arbeitet eine Bonbonmanufaktur.

Schließlich stehen wir auf der Oranienburger Straße, nahe der Synagoge. Wir gehen in die Tucholskystraße, überqueren die Torstraße und halten in der Ackerstraße.

**ACKERSTRASSE:** Sie liegt im früheren Neu-Vogtland, einst ein Gelände vor der Stadtmauer, auf dem, unter Preußenkönig Friedrich II., sich vogtländische Handwerkerfamilien niederließen. Im 19. Jahrhundert wurde die Bebauung dichter. Die Gegend galt als Elendsviertel und Meyers Hof in der Ackerstraße 132 als besonders abschreckendes Beispiel einer Mietskaserne. Erbaut von dem Molkereibesitzer Jaques Meyer, gab es an sechs miteinander verbundenen Höfen insgesamt 252 Wohnungen, die 2.100 Menschen fassten. Alte Fotoaufnahmen von Willy Römer zeigen die Gebäude, heute sind sie verschwunden.

Andere Höfe in der Ackerstraße haben sich erhalten, doch erinnert nichts mehr an das einstige Elendsquartier. Fast alles wurde teuer restauriert. Die

*Ackerstraße: Töpferei Altenstein, Bombenlücke mit Grünfläche, Fassade der Ackerhalle*

Eingänge halten fast sämtlich geschlossen. Im Haus Nummer 18 sitzt zur Straße hin ein Antiquariat, der Durchgang führt in einen schmalen langgestreckten Hof mit einer Töpferwerkstatt, hinter Garagen beginnt ein kleiner Garten. Nummer 169/70, vordem Sitz einer Schokoladenfabrik, ist das letzte nichtsanierte Haus der Straße. 1990 besetzten es Künstler, eine Kneipe und ein Theater zogen ein, derart entwickelte sich das Wohn- und Kulturprojekt »Schokoladen«, das sich bis heute behauptet. Grundstück Nummer 162, im letzten Krieg zerbombt, ist eine Freifläche mit Park, von dem aus das angrenzende Ensemble einsehbar ist, eine Abfolge von Quergebäuden und Höfen. In Nummer 149 wurde aus einer Bombenlücke ein Kinderspielplatz mit Blick auf die benachbarten Hinterhöfe.

Gegenüber steht die Ackerhalle mit ihrer Neorenaissancefassade. Sie gehört zu den einst vierzehn Markthallen, die Stadtbaurat Hermann Blankenstein Ende des 19. Jahrhunderts errichten ließ und von denen sechs bis heute existieren. Die Einzelhandelsstände darin konnten ihre Waren etwas preisgünstiger anbieten als sonstige Ladengeschäfte, was für die armen Leute aus den Mietskasernen ein Vorteil war.

Wir müssen erkennen: In der Spandauer Vorstadt gibt es das alte Berliner Mietshaus heute nur mehr in gentrifizierter Gestalt oder in zufälligen Resten. Wie verhält es sich anderswo?

*Adalbertstraße*

Über Invaliden- und Brunnenstraße gehen wir zur U-Bahnstation Rosenthaler Platz und fahren von dort zum Moritzplatz. Der Bezirk ist Kreuzberg. Zu Berlin gehört er seit der großen Eingemeindung von 1920. Der Name leitet sich her von einer 66 Meter hohen Erhebung, auf der zur Erinnerung an die Befreiungskriege ein von Karl Friedrich Schinkel entworfenes gusseisernes Kreuz steht.

**SO 36**, die alte Bezeichnung eines Kreuzberger Postzustellbezirks, hat sich im allgemeinen Sprachgebrauch bis heute erhalten. Wir sind also unterwegs in SO 36, wo es bis heute ärmlicher zugeht als in den umliegenden Kiezen.

Bis zum Spätherbst 1989 stand in unmittelbarer Nachbarschaft die Berliner Mauer, was die Wohngegend eher unattraktiv machte. Zudem sollte Platz geschaffen werden für eine Autobahntrasse, weswegen ab Mitte der 1960er Jahre viele Straßenzüge entmietet und dem Verfall preisgegeben wurden. Der Trassenbau fand dann nicht statt. Die Mieten blieben billig, was Gastarbeiter, Studenten, Arbeitslose und Künstler anzog. Ab 1968 nistete sich die alternative Szene ein.

Nach dem Vorbild niederländischer Kraker wurden leer stehende Gebäude besetzt. Hauseigentümer riefen die Polizei, die auch eingriff, es kam zu Auseinandersetzungen, die sich zu förmlichen Straßenkämpfen entwi-

*Pelikanhaus Ritterstraße, Exponat des FHXB Friedrichshain-Kreuzberg Museums, Zugang Ritterhöfe*

ckelten. Die »Schlacht am Fraenkelufer« im Dezember 1980 endete mit 200 Verletzten und 66 Festnahmen. SO 36 gilt weiterhin als sozialer Brennpunkt mit hoher Arbeitslosigkeit. Viele Migranten leben hier, vornehmlich Türken. Sie haben ihre eigenen Geschäfte und ihre eigenen Kaffeehäuser, in denen ausschließlich bärtige Männer sitzen.

SO 36 hat seit etwa dreißig Jahren auch eine Tradition als Ausgehbezirk für ein spezielles Publikum. Der Rockmusiker und Schriftsteller Sven Regener erzählt in seinem Roman »Herr Lehmann« ausführlich davon: »Zuerst überprüfte Herr Lehmann den Goldenen Anker, eine der Prollkneipen, die Karl in extremer Stimmung gerne besuchte, er stellte sich vor dessen großes Fenster und versuchte zu erkennen, wer sich da drinnen alles so tummelte, und ob Karl dabei war. Das war sinnlos, es war nichts zu erkennen, obwohl der Goldene Anker, und das war das einzig Gute, was Herr Lehmann über ihn sagen konnte, keine weißen Gardinen vor den Fenstern hatte, obwohl er das von seinem Charakter her hätte haben müssen, solche Kneipen haben eigentlich immer weiße Gardinen vor den Fenstern, dachte Herr Lehmann jedes Mal, wenn er den Goldenen Anker sah, nur der Goldene Anker nicht. Wahrscheinlich bloß deshalb nicht, weil der Goldene Anker drinnen immer so düster ist, dachte Herr Lehmann jetzt, dass es keine weißen Gardinen braucht, um die Blicke der Welt fernzuhalten.«

*Besetztes Haus Eisenbahnstraße, Ansichten Pücklerstraße, Mariannen- Ecke Naunynstraße*

Wir blicken in die Höfe des Pelikanhauses in der Ritterstraße. An der neoklassizistischen Fassade prangt das Logo des bekannten Schreibwarenherstellers, der einst hier saß. Wir gehen die Oranienstraße entlang, eine eher unbehagliche Meile, in Hausecken liegt Weggeworfenes; das einstige Mietskasernenelend ist bloß noch indirekt wahrzunehmen, der Müll hier ist Wohlstandsabfall des frühen 21. Jahrhunderts. Wir gehen über die Mariannenstraße zum Mariannenplatz.

**KÜNSTLERHAUS BETHANIEN:** Bis 1970 existierte hier ein Krankenhaus, Bethanien; vor mehr als anderthalb Jahrhunderten hat der gelernte Apotheker Theodor Fontane darin gearbeitet. 1970 sollte es abgerissen werden, was Besetzer verhinderten; nach langen quälenden Auseinandersetzungen gestand der West-Berliner Senat eine legale Nutzung zu. Seit 1973 betreibt der Berufsverband der Bildenden Künstler hier Ateliers, Druck- und Medienwerkstätten.

Wir gehen über die Muskauer Straße, die Pücklerstraße, die Eisenbahnstraße bis zur Köpenicker Straße. Immerfort stoßen wir auf Baugerüste, die alten Gebäude werden aufwendig saniert. Die Hausbesetzerszene ist mittlerweile fast Vergangenheit. Auch SO 36 wird von der Gentrifizierung ereilt.

*Künstlerhaus Bethanien*

Dies nun führt dazu, dass es mittlerweile eine theoretische Rehabilitierung der Mietskaserne gibt. Auslöser ist der Zuzug in die Hauptstadt, der jährlich um die vierzigtausend Menschen beträgt; für sie muss massenhafter Wohnraum geschaffen werden, der sich bei solcher Größe nur durch städtebauliche Verdichtung erzielen lässt. Also wird nachgedacht über Blockbebauung, wobei man die vermeintlichen Vorzüge der Altberliner Mietskaserne entdeckt: Sie habe »Nähe, Rufweite, Gegenüber, Zusehen bei der Arbeit anderer« ermöglicht (der Architekturhistoriker Johann Friedrich Geist) und zudem noch die heute gern vermisste soziale Durchmischung. Die Seuchen und die Ratten werden gnädig übersehen. Die soziale Durchmischung des Meyer Hofes dürfte jene zwischen arm und bettelarm gewesen sein. Dies alles bedenkend, kehren wir zum Moritzplatz zurück.

## ADRESSEN ZUR TOUR

**Museum Pankow**
Standort Prenzlauer Allee
Prenzlauer Allee 227/228
10405 Berlin
Telefon: 030-902 953 917
museumsek@ba-pankow.berlin.de
www.berlin.de/museum-pankow

**Standort Dunckerstraße**
Dunckerstraße 77
10437 Berlin
Telefon: 030-445 23 21
E-Mail: info@mitundfuereinander.de
www.mitundfuereinander.de

*Gewerbehof Köpenicker Straße*

**Standort Heynstraße**
Heynstraße 8
13187 Berlin
Telefon: 030-90295-3911
oder 030-4814047
E-Mail: Standort.Heynstrasse@ba-pankow.berlin.de.

**Standort StadtGut Blankenfelde**
Hauptstraße 30
13159 Berlin
Telefon: 030-4005-8182
E-Mail: kontor@stadtgut-blankenfelde.de
www.stadtgut-blankenfelde.de

**HXB Friedrichshain-Kreuzberg Museum**
Adalbertstraße 95A
10999 Berlin-Kreuzberg
Telefon: 030-505 852 33
E-Mail: info@fhxb-museum.de
www.fhxb-museum.de

**Standort Fontane-Apotheke im Bethanien**
Mariannenplatz 2
10997 Berlin
E-Mail: fontaneapotheke@fhxb-museum.de
www.fhxb-museum.de

**Gründerzeitmuseum im Gutshaus Mahlsdorf**
Hultschiner Damm 333
12623 Berlin
Telefon: 030-5678329
E-Mail: gruenderzeitmuseum-mahlsdorf@t-online.de
www.gruenderzeitmuseum-mahlsdorf.de

**Markthalle Neun**
Eisenbahnstr. 42/43
10997 Berlin-Kreuzberg
Telefon: 030-610 734 73
E-Mail: info@markthalleneun.de
www.markthalleneun.de

Clärchens Ballhaus, Auguststraße

SCYTHE
WUNDER

# 7 Mythos Friedenau

## *Berlins Literaturquartier*

*In der Nicolaischen Buchhandlung*

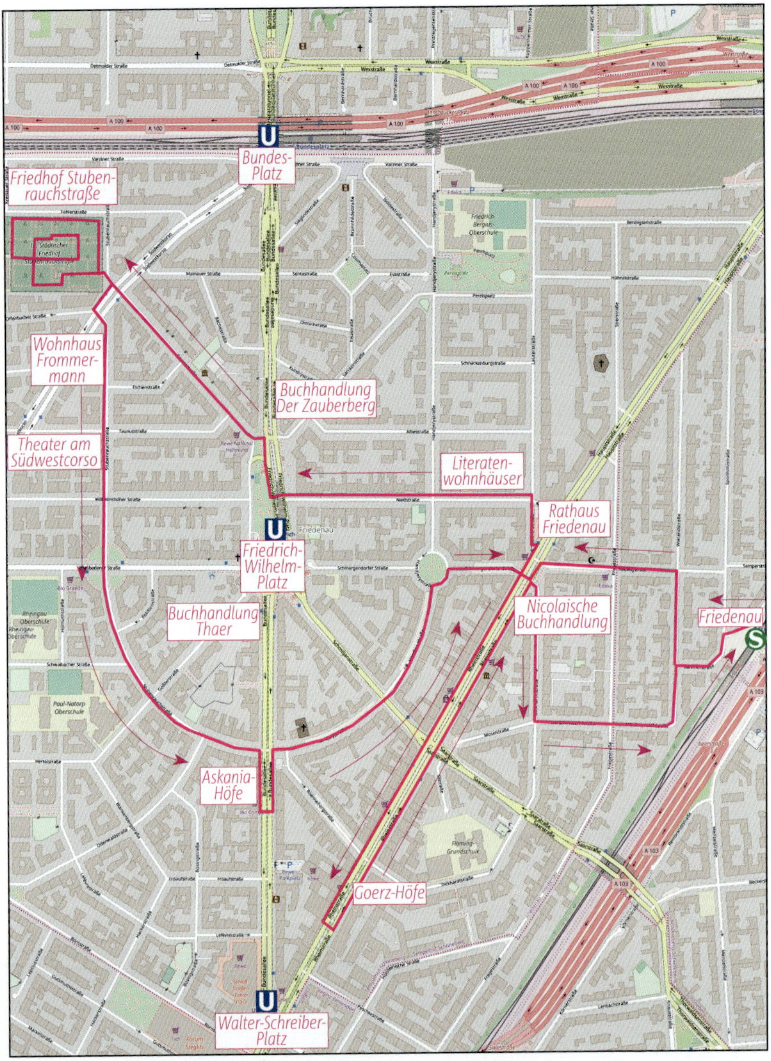
Bundes-Platz
Friedhof Stuben-rauchstraße
Wohnhaus Frommer-mann
Buchhandlung Der Zauberberg
Theater am Südwestcorso
Literaten-wohnhäuser
Rathaus Friedenau
Friedrich-Wilhelm-Platz
Buchhandlung Thaer
Nicolaische Buchhandlung
Friedenau
Askania-Höfe
Goerz-Höfe
Walter-Schreiber-Platz

## SPAZIERGANG KOMPAKT

**Anreise:** S-Bahnhof Friedenau

**Start:** Sponholzstraße

**Ziel:** Bahnhofstraße

**Abreise:** S-Bahnhof Friedenau

**Streckenlänge:** 5,4 km

**Verlauf:** Sponholzstraße, Bahnhofstraße, Wielandstraße, Wilhelm-Hauff-Straße, Dickhardtstraße, Rheinstraße, Breslauer Platz, Niedstraße, Friedrich-Wilhelm-Platz, Bundesallee, Görresstraße, Stubenrauchstraße, Bundesallee, Handjerystraße, Renée-Sintenis-Platz, Schmargendorfer Straße, Hedwigstraße, Wielandstraße, Bahnhofstraße

**Besichtigung:** Literatenwohnhäuser in der Niedstraße, Friedhof Stubenrauchstraße, Nicolaische Buchhandlung, Buchhandlung »Der Zauberberg«, Buchhandlung Thaer, Askania Höfe, Goerz-Höfe

**Einkehrmöglichkeiten:** Restaurant Glühwurm

Mit der S2 fahren wir zur Station Berlin-Friedenau. Unmittelbar am Bahnhof stehen Gründerzeithäuser, die deutlich größer ausfallen als entsprechende Bauten in Mitte oder am Prenzlauer Berg.

**FRIEDENAU** ist ein auf dem Reißbrett konzipierter Ortsteil von Schöneberg. Seine Entstehung verdankt er dem massenhaften Zuzug von Menschen nach dem Deutsch-Französischen Krieg. 1871 gründete sich ein »Landerwerb- und Bauverein auf Actien«, erwarb in den kommenden vier Jahren vom Rittergut Deutsch-Wilmersdorf 550 Morgen Land und parzellierte es; derart entstand ein symmetrisch verlaufendes Straßennetz. Die geographische Lage auf dem Teltower Höhenzug, die Verkehrsbindung an die Wannseebahn und an die Bahnstrecke Berlin-Magdeburg, auch die Nähe zur Reichsstraße 1, die von Berlin nach Potsdam führte, erwiesen sich als vorteilhaft.

Zunächst war lediglich der Bau von Stadtvillen vorgesehen, bescheidenen, in der Regel eingeschossigen Häusern. Der Wohnungsmangel erzwang dann eine stärkere Verdichtung; bis zum Jahr 1914 waren fast sämtliche Grundstücke in Friedenau bebaut. Es gab mehrstöckige Mietshäuser mit großen Appartements und Personenaufzügen, typisch für sie war das sogenannte Berliner Zimmer: ein dunkler Eckraum mit nur einem Fenster, Verbindung zwischen Vorderhaus und Seitenflügel.

Wir gehen die Wilhelm-Hauff- und die Dickhardtstraße entlang, vorbei an sanierten Wohnhäusern mit Vorgärten. Wir kommen zur Rheinstraße.

*Gründerzeitfassaden in Friedenau*

**NICOLAISCHE BUCHHANDLUNG:** In der Nummer 65 befindet sich seit 1929 die Nicolaische Buchhandlung, ältestes Geschäft seiner Art in ganz Berlin.

Der Name steht für eine lange Tradition. Den Anfang stellt der 1733 geborene Friedrich Nicolai, Schriftsteller, Anhänger der Aufklärung, Freimaurer und Freund bedeutender Männer wie Moses Mendelssohn und Gotthold Ephraim Lessing. Er war der erste namhafte Literat, den Berlin hervorbrachte, ein Verfasser von Romanen, Reisebüchern und Essays; der gelernte Buchhändler gründete einen Verlag, in dem unter anderem die Allgemeine Deutsche Bibliothek erschien. Sein Haus befand sich in der alten Mitte, in der Brüderstraße. Der Verlag wie auch seine Buchhandlung wechselten später mehrfach die Adressen und die Inhaber, bestehen blieben sie bis in die Gegenwart.

Vor dem Rathaus findet ein Wochenmarkt statt. Wir durchstreifen ihn und kommen in die Niedstraße.

Friedenau gilt gemeinhin als Quartier mit der größten Literaturdichte der Stadt. Die Liste ist lang: Rainer Maria Rilke lebte hier. Franz Kafka hat bei seinem letzten Berlin-Besuch in Steglitz gewohnt und sich wohl auch durch Friedenau bewegt. Max Frisch und Hans Magnus Enzensberger gehörten Wohnungen in Friedenau. Heute leben hier die Autorinnen Herta Müller und Julia Franck.

*Eingang Nicolaische Buchhandlung*

**NIEDSTRASSE:** Die einen halben Kilometer lange und ziemlich ruhige Niedstraße ist sozusagen Friedenaus literarische Hauptmeile. Im Haus Nummer 3 befand sich das Berliner Büro des Schriftstellers Erich Kästner, geführt von dessen Privatsekretärin Elfriede Mechnig; der Dichter selbst pflegte manchmal dort zu übernachten.

Nummer 10 war die Adresse des naturalistischen Schriftstellers Max Halbe, einst mit seinem Drama »Jugend« viel gespielt. Im Haus Nummer 14 lebte der aus der DDR geflüchtete Schriftsteller Uwe Johnson, Autor des großen Romanzyklus »Jahrestage«; das alte West-Berlin wurde Objekt seiner Reportagen und Schauplatz seiner zweiten Buchveröffentlichung »Zwei Ansichten«. Zeitweilig war er befreundet mit Günter Grass, der dann das benachbarte Haus Niedstraße 13 bezog, um dort zwanzig Jahre lang zu bleiben. Der durch seinen Roman »Die Blechtrommel« weltberühmt gewordene Autor hat sich in Gedichten und erzählender Prosa mehrfach auf das alte West-Berlin eingelassen, am ausführlichsten in dem Roman »Örtlich betäubt«. Johnsons Haus war für einige Zeit Aufenthaltsort der Kommune 1, einer anarchistischen Wohngemeinschaft, berühmt durch ihre politischen Aktionen und durch das bekannte Foto, das die Mitglieder nackt und mit dem Rücken zur Kamera wiedergibt. Grass sorgte auf Bitten des in New York weilenden Johnson dafür, dass die Kommunarden das besetzte Haus räumen mussten.

*Ehemaliges Rathaus Friedenau, Niedstraße 14, Wohnhaus Günther Grass*

In dem vereisten Türglas ist ein Muster mit zahmer Fraktur freigelassen; hier sollen frühere Zeiten des Bierverzehrs herbeizitiert werden. Die Theke ist von mittlerer Länge, gemütlich umstanden von entschlossenen und geübten Trinkern, die der Wirtin mit nachbarschaftlichen Reden beim Zapfen und Spülen behilflich sind. Die Tische an den Wänden sind besetzt; den leeren in der Mitte, nahe der Tür, lässt man in einer Gegend wie Friedenau gerne aus. Da sitzt man ja wie auf dem Neuen Markt! Das Geschäft läuft. Das Geschäft läßt zwei Serviererinnen laufen, eine im vorderen Abteil, eine im rückwärtigen, wo die Tische mit Tüchern gedeckt sind und die vornehme Kundschaft bürgerlich zu Abend isst. Die Serviererin für die Trinker benimmt sich gegen sie mit förmlicher Vertraulichkeit, reinweg frech, und es gilt nichts. Wer beobachtet wird, kann sich mit Beobachtungen wehren.

*(Uwe Johnson: »Berliner Sachen«)*

Am Ende der Niedstraße, im Nummer 25, lebte der Schriftsteller Günther Weisenborn. Er ist heute ein wenig vergessen. Der Dramatiker, der als Mitarbeiter Brechts begann, gehörte in Hitlers Deutschland zu der Widerstandsgruppe »Rote Kapelle«. Er wurde verhaftet und abgeurteilt, das Kriegsende rettete ihm das Leben. Sein Drama »Die Illegalen« war nach 1945 ein beträchtlicher Theaterfolg, sein Erlebnisbuch »Memorial« wurde viel gelesen.

*Buchhandlung »Der Zauberberg«*

**WOLFFSCHE BUCHHANDLUNG:** Am Friedrich-Wilhelm-Platz mit seiner roten Backsteinkirche biegen wir ein in die Bundesallee. Dort, im Haus Nummer 133, sitzt eine Buchhandlung, die heute »Der Zauberberg« heißt. Auch sie hat eine bemerkenswerte Geschichte. Ihr Gründer Andreas Wolff war das Kind einer Buchhändler- und Verlegerfamilie aus St. Petersburg. 1917 durch die Bolschewiki enteignet, floh die Familie nach Berlin, wo Andreas Wolff 1931 eine Buchhandlung samt Leihbibliothek eröffnete. Nach dem Zweiten Weltkrieg begleitete er den Verleger Peter Suhrkamp nach Frankfurt am Main und half mit beim Aufbau von dessen Unternehmen, Mitte der 1950er Jahre kehrte er nach Berlin zurück und gründete 1963 die Friedenauer Presse, einen Kleinverlag für hochwertige literarische Texte in besonders schöner Ausstattung.

Er hatte eine Tochter, Katharina, die eine Ausbildung zur Buchhändlerin durchlief. Sie heiratete den Lektor Klaus Wagenbach, mit dem sie gemeinsam 1964 in Berlin einen neuen Verlag gründete. Es war die Zeit der beginnenden Studentenunruhen und der außerparlamentarischen Opposition, die zumal in West-Berlin eines ihrer Zentren hatte. Der Klaus Wagenbach Verlag stellte sich in ihren Dienst. Die 68er-Bewegung neigte zur Zersplitterung, auch der Wagenbach Verlag war davon betroffen: Es kam zu der radikallinken Abspaltung des Rotbuch Verlags. Beide Häuser haben einiges für die Verbreitung unangepasster DDR-Belletristik getan: Wagenbach als erster Verleger Wolf Biermanns, Rotbuch als erster Verleger von Heiner Müller. Katja Wagenbach

*Auslagen in der Buchhandlung »Der Zauberberg«*

trennte sich schließlich von ihrem Mann und dem gemeinsamen Verlag, ab 1983 führte sie die Friedenauer Presse ihres Vaters weiter. 2017 übernahm das Berliner Unternehmen Matthes & Seitz den Kleinverlag, auch die Wolffsche Buchhandlung hat neue Besitzer und übernahm als Namen den Titel von Thomas Manns großem Roman.

> Vor ein paar Wochen stand ich im Bundeseck (Friedenau) am Tresen und spielte mit Bierdeckeln. Einige noch junge Schriftsteller näherten sich vorsichtig, wie auf Abruf. Sie redeten gütig. (Das sei ja sicherlich wichtig, mein Engagement, aber ob nicht das Schreiben darunter leide.) Sie sprachen von ihren Talenten ängstlich, als müsse man sie vor Zugluft schützen. Soeben noch besorgt um mich, wurden sie aggressiv, als ich meinen Alltag mit zwei Bierdeckeln demonstrierte: »Der hier ist die politische Arbeit, mache ich als Sozialdemokrat und Bürger; der ist mein Manuskript, mein Beruf, mein Weißnichtwas.« Ich ließ zwischen den Bierdeckeln Distanz wachsen, näherte beide einander, stellte sie, sich stützend gegeneinander, verdeckte mit dem einen den anderen (dann mit dem anderen den einen) und sagte: »Manchmal schwierig, aber es geht. Sie sollten sich weniger Sorgen machen.«
>
> *(Günter Grass: »Aus dem Tagebuch einer Schnecke«)*

*In der Buchhandlung »Der Zauberberg«, Südwestkorso, Friedhof Stubenrauchstraße*

Wir betreten die Buchhandlung und stöbern in den Regalen. Um uns sanftes Gemurmel von Kunden und Verkäufern. Wir setzen uns in einen der bereitstehenden Sessel, blättern in einem Lyrikband, lesen Verse im Berliner Jargon, Verse von Tucholsky, von Klabund, von Robert Gilbert, wir kaufen ein Buch.

**FRIEDHOF STUBENRAUCHSTRASSE:** Den Südwestkorso schneidet die Stubenrauchstraße. An ihrem nördlichen Ende liegt ein Friedhof, der als Begräbnisort für Schriftsteller, Maler, Schauspieler und Musiker gilt. Wir sehen das von Georg Kolbe gestaltete Ehrengrab für den Komponisten Ferruccio Busoni. Die Grabstätten von Marlene Dietrich und Helmut Newton liegen nicht weit voneinander entfernt.

Marlene Dietrich. Die preußische Offizierstochter spielte zunächst Theater bei Max Reinhardt, berühmt machte sie ihre Rolle in dem Film »Der blaue Engel«. Sie ging nach Hollywood und wurde der einzige Weltstar, den das deutsche Kino je hervorbrachte. Als Filmdiva spielte sie bei Ernst Lubitsch und Billy Wilder, als Chansonsängerin mit rauchiger Stimme trat sie vor US-Soldaten im Zweiten Weltkrieg auf und vor jubelndem Publikum in halb Europa. Der Ruch, eine Vaterlandsverräterin zu sein, hing ihr in Deutschland lange an. Zuletzt lebte sie zurückgezogen in Paris, wo sie 1992 starb. Ihr Grab liegt nahe der letzten Ruhestätte ihrer Mutter.

*Grabmale von Oskar Pastior, Marlene Dietrich und Helmut Newton*

Helmut Newton hieß eigentlich Neustädter und war der Sohn eines jüdischen Knopffabrikanten. Er machte eine Lehre als Fotograf, 1938 floh er vor den Nazis nach Asien, in den fünfziger Jahren begann eine Karriere als vielbeschäftigter Mode-, Werbe- und Porträtfotograf. Weltberühmt wurde er durch seine Schwarz-Weiß-Fotos weiblicher Akte mit kalter Erotik. Die von ihm gegründete Stiftung, die seinen fotografischen Nachlass betreut, sitzt nahe dem Bahnhof Zoo, im Museum für moderne Fotografie.

**COMEDIAN HARMONISTS:** Am anderen Ende der Stubenrauchstraße, im Haus Nummer 47, lebte einst der Tenor Harry Frommermann. Er kam aus einer jüdischen Familie. Zunächst wollte er Schauspieler werden, musste die Ausbildung aber abbrechen. 1927, eben 21 Jahren alt, schaltete er eine Zeitungsanzeige, die nach männlichen Sängern unterschiedlicher Stimmlagen suchte. Derart bildete sich dann, nach dem Muster einer US-amerikanischen A-Capella-Gruppe, ein Ensemble aus drei Tenören, einem Bariton und einem Bass, hinzu kam ein Pianist. Die Sänger hießen zunächst »Melody Makers«, berühmt wurden sie unter dem Namen »Comedian Harmonists«. Sie sangen die zumeist von Frommermann verfertigten Arrangements zeitgenössischer Schlager, gingen erfolgreich damit auf Tournee, traten im Radio auf und besangen Schallplatten. Noch 1933 gaben sie insgesamt 150 Konzerte, Freilich, das Ensemble zerfiel, denn drei der Mitglieder waren Juden, die emigrieren

*Grabmal Ferruccio Busoni, Wohnhaus Frommermann: Eingang, Mansarde*

mussten. Es gründeten sich Nachfolge-Ensembles, im In- wie im Ausland, doch die einstigen Erfolge stellten sich nicht wieder ein. Frommermann lebte lange in den USA, er war dort Hilfsarbeiter und Soldat und war auch Übersetzer bei den Nürnberger Prozessen. Schließlich kehrte er, schwerkrank, nach Deutschland zurück, in Bremen ist er 1975 gestorben. Seine »Comedian Harmonists« sind bekannt und beliebt bis heute. Es gibt Bücher und Filme über sie, ihre Arrangements werden von modernen Gruppen übernommen.

In der Bundesallee 77 befindet sich der dritte überregional bekannte Sortimenter Friedenaus, die Buchhandlung Thaer. Nebenan, im Haus Nummer 79, wohnte vier Jahre lang Kurt Tucholsky.

**KURT TUCHOLSKY:** Er gilt vielen als der Berlinische Autor schlechthin. Daran ist so viel richtig, dass er in Berlin geboren wurde und hier seine universitäre Ausbildung erfuhr, dass er das Berlinische Idiom beherrschte, dass alle seine Verleger, alle von ihm belieferten Redaktionen und Kleinkunstbühnen in Berlin saßen und Berlin das bevorzugte Thema seiner Arbeiten war.

Dabei hat er die Stadt nicht sonderlich gemocht. Er entfloh ihr, sooft er konnte, als urbaner Ort war ihm Paris lieber, und als Aufenthaltsland bevorzugte er Schweden, wohin er 1929 ging und wo er sechs Jahre später starb.

*Buchhandlung Thaer Bundesallee*

Seine Produktivität war außerordentlich, sein Werk umfasst Verse, Szenisches, erzählende Prosa und Publizistik. Erstmals bekannt wurde er 1913, da war er noch Student, durch die Liebesgeschichte zweier junger Berliner, die er »Rheinsberg« nannte und die seine populärste Arbeit blieb. Auch andere von ihm erfundene Figuren sind Berliner: das leichtlebige Plappermaul Lottchen und der jüdische Neureiche Wendriner.

Seit seiner Armeezeit im Ersten Weltkrieg war er radikaler Pazifist. Spektakulär war und ist sein Ausspruch »Soldaten sind Mörder«. Politisch stand er weit links, Kommunist war er nie.

Er veröffentlichte sowohl unter seinem Namen als auch unter vier Pseudonymen. Als Ignaz Wrobel schrieb er diesen Text: »Früher war Berlin einmal ein gut funktionierender Apparat. Eine ausgezeichnet angefertigte Wachspuppe, die selbsttätig Arme und Beine bewegte, wenn man zehn Pfennig oben hineinwarf. Heute kann man viele Zehnpfennigstücke hineinwerfen, die Puppe bewegt sich kaum – der Apparat ist eingerostet und arbeitet nur noch träge und langsam.«

Die Sätze aus dem Jahr 1919 sind auch heute noch aktuell.

Wir gehen vorüber an den Askania Werken, einst Hersteller von Messinstrumenten für Flugzeuge, heute eine Manufaktur für hochpreisige Armband- und Taschenuhren. Wir betreten die Goerz-Höfe, deren Name zurückgeht auf

*Kirche »Zum guten Hirten« Friedrich-Wilhelm-Platz, Askania Höfe, Goerz-Höfe*

ein Unternehmen, das hier Fotoapparate, optisches Zubehör und Fernrohre herstellte. 1926 fusionierte es mit drei anderen Herstellern zur Zeiss Ikon AG, einem der größten Industriebetriebe im damaligen Deutschland.

Wir gehen zurück. Wir kommen vorbei an ummauerten Vorgärten mit Blumenbeeten. In Friedenau lebt es sich offensichtlich recht angenehm. Wir setzen uns in ein Caféhaus und denken an Kurt Tucholsky und seinen Ausspruch: »Berlin vereint die Nachteile einer amerikanischen Großstadt mit denen einer deutschen Provinzstadt. Seine Vorzüge stehen im Baedeker.«

*Fassade Stubenrauchstraße, Fassade des Postamts am Renée-Sintenis-Platz, Stuckdetail*

## ADRESSEN ZUR TOUR

**Nicolaische Buchhandlung**
Rheinstraße 65
12159 Berlin
Telefon: 030-852 40 05
E-Mail: info@nicolaische-buchhandlung.de
www.nicolaische-buchhandlung.buchhandlung.de

**Literarische Buchhandlung »Der Zauberberg«**
Bundesallee 133
12161 Berlin
Telefon: 030-567-39-091
E-Mail: info@der-zauberberg.eu
www.der-zauberberg.eu

**Askania Höfe**
Bundesallee 86–89
12161 Berlin

**Berliner Uhrenmuseum**
Rheinstraße 59
12159 Berlin-Friedenau
Telefon: 030-8512020
E-Mail: info@lorenz.de
www.juwelier-lorenz.de/ueber-lorenz/uhrenmuseum/

**Buchhandlung Thaer**
Bundesallee 77
12161 Berlin
Telefon: 030 8527908
E-Mail: mail@thaer.de
https://www.genialokal.de/buchhandlung/berlin/thaer/

**III. Städtischer Friedhof Stubenrauchstraße**
Stubenrauchstraße 43–45
12161 Berlin
Telefon: 030-902 777 402
www.kueko-berlin.de/erinnerungen/der-kuenstlerfriedhof/

*Historische Fotografien Niedstraße*

**Goerz-Höfe**
Rheinstraße 46
12161 Berlin

**Kleines Theater am Südwestkorso**
Südwestkorso 64
12161 Berlin
Telefon: 030-821 20 21
E-Mail: info@kleines-theater.de
www.kleines-theater.de

**Restaurant Glühwurm**
Handjerystraße 77
12159 Berlin
Telefon: 030-851 02 598
E-Mail: info@restaurant-gluehwurm.de
www.restaurant-gluehwurm.de

Spree-Prinzessin

# 8 Spreeufer

## *Vom Tiergarten nach Charlottenburg*

*Uferweg nahe der Gotzkowskybrücke*

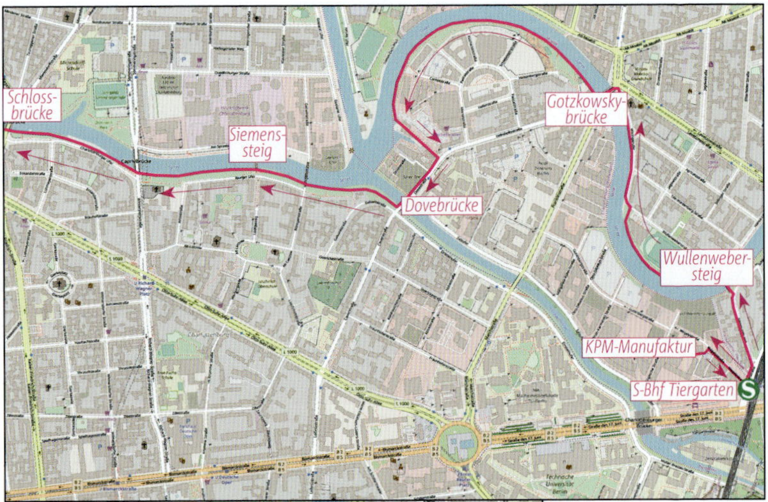
Schloss-
brücke
Siemens-
steig
Gotzkowsky-
brücke
Dovebrücke
Wullenweber-
steig
KPM-Manufaktur
S-Bhf Tiergarten

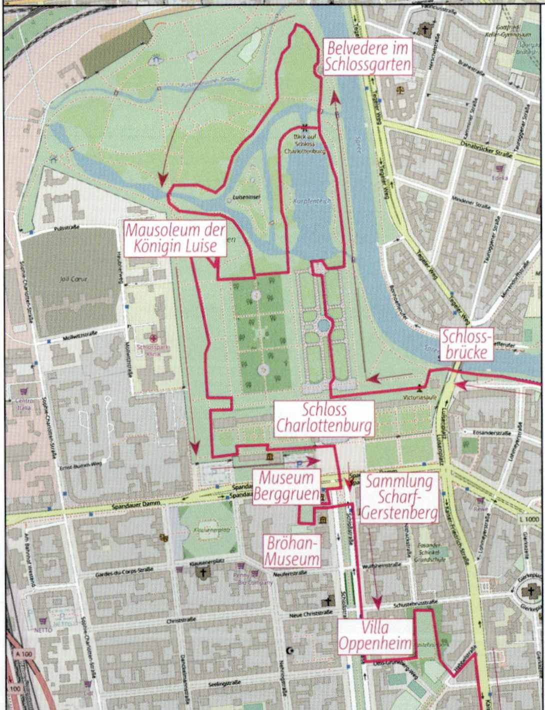
Belvedere im
Schlossgarten
Mausoleum der
Königin Luise
Schloss-
brücke
Schloss
Charlottenburg
Museum
Berggruen
Sammlung
Scharf-
Gerstenberg
Bröhan-
Museum
Villa
Oppenheim

## SPAZIERGANG KOMPAKT

**Anreise:** S3

**Start:** S-Bahnhof Tiergarten

**Ziel:** U-Bahnhof Bismarckstraße

**Abreise:** U7, U2

**Streckenlänge:** 10,1 km

**Verlauf:** Wegelystraße, Bachstraße, Sigmunds Hof, Wullenwebersteg, Uferpfad am nördlichen Spreeufer, Wikingerufer, Gotzkowskybrücke, Uferweg am südlichen Spreeufer, Dovestraße, Dovebrücke, Uferweg am südlichen Spreeufer, Siemenssteg, Charlottenburger Ufer, weiter auf Uferweg am südlichen Spreeufer, Schlosspark Charlottenburg, Schloßstraße, Otto-Grünberg-Weg, Schustehruspark, Haubachstraße, Zillestraße, Kaiser-Friedrich-Straße, Bismarckstraße

**Besichtigung:** Königlich Preußische Porzellan-Manufaktur (KPM), Mahnmale am Wullenwebersteg, Gotzkowskybrücke, Siemenssteg, Schlosspark Charlottenburg, Belvedere, Hohe Brücke, Mausoleum der Königin Luise im Schlosspark, Schloss Charlottenburg, Orangerie, Sammlung Scharf-Gerstenberg, Museum Berggruen, Bröhan-Museum, Museum Charlottenburg in der Villa Oppenheim, Schustehruspark

**Einkehrmöglickeiten:** Restaurant Hoffgarten

Dass durch Berlin immer noch die Spree fließt, bezeugt ein bis heute äußerst populäres Lied, dessen Text Robert Gilbert schrieb und das von dessen Vater Jean Gilbert komponiert wurde. Die beiden hießen eigentlich Winterfeldt, waren jüdischer Herkunft und mussten später emigrieren.

Die Spree ist Hauptfluss der Stadt. Cölln und Alt-Berlin, ihre Keimzellen, entstanden direkt an diesem Gewässer, ebenso wie Alt-Lietzow, das später Charlottenburg hieß und bis 1919 eine eigenständige Kommune war. Als Orientierungshilfe für eine Stadterkundung ist der Fluss vorzüglich geeignet.

Unser Weg soll nach Charlottenburg führen. Wir beginnen, nach Verlassen der S-Bahnstation Tiergarten, in der Wegelystraße. Deren Nummer 1 ist die Adresse der KPM, der Königlich Preußischen Porzellanmanufaktur; bis heute gehört sie zu den angesehensten und teuersten Herstellern des edlen Steinguts weltweit. Ihre Geschichte ist abwechslungsreich.

**KÖNIGLICH PREUSSISCHE PORZELLAN-MANUFAKTUR:** Gründer war der Namensgeber dieser Straße. Wilhelm Caspar Wegely, Spross einer Schweizer Patrizierfamilie, eröffnete 1753 in Berlin eine Porzellanmanufaktur, von der er sich größeren Profit versprach als von der Textilfabrikation, die seine Fami-

*KPM-Gebäude*

lie betrieb. Nach vier Jahren musste er aufgeben. Die Manufaktur kaufte 1761 der Unternehmer Johann Ernst Gotzkowsky, wobei er sämtliche Mitarbeiter übernahm und zusätzlich Kräfte der Meißener Manufaktur abwarb. Freilich, auch er geriet bald in Schwierigkeiten, da er sich bei Spekulationsgeschäften verhoben hatte. König Friedrich II. kaufte ihm die KPM ab und betrieb sie nun selbst; ihr Zeichen, entnommen dem Kurfürstlich-Brandenburgischen Wappen, wurde das blaue Zepter.

Die Werkstätten befanden sich zunächst in der Leipziger Straße. Wichtigster Kunde war erst einmal der König, der hier Tafelgeschirre für seine Schlösser anfertigen ließ, außerdem wurden alle Juden in der Region gezwungen, Kunden von KPM zu sein. Entsprechend Friedrichs ausdrücklichem Wunsch entwickelte die Manufaktur als eigenen Blauton das Bleu mourant (woraus im Berlinerischen blümerant wurde). Renommierte Künstler lieferten immer wieder Entwürfe für Figuren und Vasen, zum Beispiel Schinkel, Schadow und Rauch. Populär wurde die Porzellanversion der 1796 entstandenen Schadow-Plastik, die die Schwestern Luise und Friederike aus dem Hause Mecklenburg-Strelitz zeigt. Anlass war die Doppelhochzeit der beiden. Im 20. Jahrhundert waren unter anderem Gerhard Marx und Marguerite Friedländer, beide dem Dessauer Bauhaus verpflichtet, für die KPM tätig.

1867 bezog die KPM neue Gebäude in der Wegelystraße. 1918 wurde sie verstaatlicht, Porzellanzeichen und Name blieben. 1943 durch Welt-

*Signet der KPM, Denkmal am Wullenwebersteg, Spree nahe Wullenweberstraße*

kriegsbomben stark beschädigt, konnten die Werkstätten erst 1957 wieder bezogen werden, bis dahin lief die Produktion im oberpfälzischen Selb. Um die Jahrtausendwende wurde das gesamte Gelände saniert, seither steht es unter Denkmalschutz. Seit 2006 befindet sich der Betrieb in Privatbesitz.

Wir gehen auf der Straße Siegmunds Hof zum Spreeufer. Vor dem Wullenwebersteg stehen zwei Denkmäler zur Erinnerung an das Gemeindezentrum von Adass Jisroel, das sich einst hier befand; die 1869 gegründete Vereinigung orthodox-jüdischer Provenienz unterhielt in Berlin außerdem Einrichtungen in der Spandauer Vorstadt. Sie alle wurden von den Nazis geschlossen und verboten, die Synagoge am Siegmunds Hof verkam im Zweiten Weltkrieg.

Hinter dem Wullenwebersteg fällt der Weg steil ab zum Ufer. Die Sonne bringt das Spreewasser zum Glänzen, dichtes Grün dämpft alles Großstadtgeräusch. Auf der Gotzkowsky-Brücke mit ihren steinernen Tierskulpturen wechseln wir wieder zum Südufer.

**JOHANN ERNST GOTZKOWSKY** war nicht bloß Porzellanproduzent. Der Nachfahre polnischer Kleinadliger belieferte den friderizianischen Hof mit Galanteriewaren, mit Uhren, mit Juwelen, auch mit Getreide, zudem handelte er

*Tierplastik auf Gotzkowskybrücke, Siemenssteg, Spreekreuz*

mit Kunst. Friedrich II. beauftragte ihn, Gemälde für Schloss Sanssouci zu beschaffen. Gotzkowsky tat es. Insgesamt trug er 108 Gemälde zusammen. Da hatte Friedrich seine Neigung zum Kriegsführen entdeckt und benötigte Gelder für die Aufrüstung. Gotzkowsky sollte die 108 Kunstwerke von Sanssouci wieder veräußern. Er tat auch dies. Einen bedeutenden Teil behielt er selbst. Während des Siebenjährigen Krieges bewährte er sich als Lebensmittelbeschaffer und als Unterhändler bei den anrückenden russischen Truppen, weswegen er fortan als uneigennütziger Patriot galt. In Wahrheit wollte er bloß Gewinne machen. Jetzt spekulierte er auf steigende Getreidepreise: Finanziert durch Kredite kaufte er russisches Korn. Doch der Getreidepreis stieg nicht. Gotzkowsky musste, um seine Kredite bedienen zu können, der Regierung des Zaren seine Gemäldesammlung verkaufen, darunter Werke von Rembrandt, Rubens, Raffael und Tizian. Heute hängen sie in der Sankt Petersburger Eremitage.

Der Weg am Spreeufer führt weiter durch Grünanlagen. Schiffe ziehen vorbei. Der Spreeverlauf biegt ab nach Süden. Wir kommen in die Dovestraße. Eine Brücke überquert den von Peter Joseph Lenné angelegten Landwehrkanal.

Am Nordufer der Spree stehen alte Industriegebäude. Im Jahre 1900 nahm hier das Heizkraftwerk Charlottenburg seinen Betrieb auf und versorgte

*Skulptur des Spreekiekers, Charlottenburger Ufer, ehemaliger Standort Palais Lichtenau*

die Kommune mit Strom, das Rathaus auch mit Fernwärme, damals eine technische Novität. Die elektrischen Leitungen führten über den Siemenssteg, benannt nach dem Industriellen Werner von Siemens, der nahebei wohnte.

Wir gehen über diese Brücke. Wir sehen die Bronzeskulptur des Spreekiekers, eines Mannes mit Schiebermütze und Pfeife. Eine Plakette am Sockel weist auf Alfred Braun hin, den überhaupt ersten deutschen Rundfunksprecher, später auch Intendant des Senders Freies Berlin, Spreekieker hieß eine von ihm geschriebene und vorgetragene Sendereihe im Hörfunk.

**GRÄFIN LICHTENAU:** Vor der Schlossbrücke stand einst das Palais der Gräfin Lichtenau. Die war eigentlich von bürgerlicher Herkunft, Tochter eines königlichen Hofmusikers mit Namen Encke. Früh erregte die schöne Wilhelmine das erotische Interesse von Preußenkönig Friedrich Wilhelm II., der sie zu seiner Maitresse machte. Wie es dazu kam? Der Schriftsteller Ernst von Salomon hat es in seinem 1965 erschienenen und einst sehr erfolgreichen Roman beschrieben: »Die Kammer war hell von Kerzen erleuchtet. Das Bett war gemacht und aufgeschlagen. Und mitten in der Kammer stand Wilhelmine, unbeweglich, in einem langen, schneeweißen, durchsichtigen Hemd, so dass die Konturen ihres Körpers zu erkennen waren. Sie hatte die Haare offen und in den Haaren trug sie einen Kranz von dunkelroten Rosen. Sie hatte

*Bronze der Göttin Victoria, barocker Teil des Schlossgartens, Südseite von Schloss Charlottenburg*

die Hände auf der Brust gefaltet und sah ihn mit Augen an, deren Schimmer nicht allein vom Glanze der Kerzen herrühren mochte.«

Friedrich Wilhelm war damals noch Kronprinz. Der regierende Fridericus Rex, ein Weiberfeind, missbilligte die Verbindung entschieden. Trotzdem hielt sie dreizehn Jahre lang; von den gemeinsamen sechs Kindern erreichten nur zwei das Erwachsenenalter. Einer der Frühverstorbenen war jener Alexander von der Mark, dessen eindrucksvolles Grabmal Gottfried Schadow schuf und das heute in der Alten Nationalgalerie steht. Auch Wilhelmine wurde mehrfach porträtiert, unter anderem von Anton Graff.

Als des Königs Interesse an ihr erlosch und er sich anderen Mätressen zuwandte, verkuppelte er sie mit seinem Hofkämmerer Johann Friedrich Ritz. Er überließ ihr mehrere feudale Wohnsitze, neben dem in Charlottenburg auch das Marmorpalais in Potsdam. Er nobilitierte sie, und sie blieb seine Beraterin, war außerdem Mäzenin und führte einen Salon, eine ihrer Töchter gedieh zum Objekt königlich-preußischer Heiratspolitik. Nach dem Tod des zweiten Friedrich Wilhelm verbannte dessen Sohn und Thronfolger die Gräfin Lichtenau nach Schlesien und konfiszierte ihr Vermögen. Zehn Jahre später wurde sie rehabilitiert und kehrte nach Berlin zurück. Mit 67 Jahren ist sie hier gestorben.

*Ufer des Karpfenteichs*

**SCHLOSSPARK CHARLOTTENBURG:** Wir haben den barocken Park von Schloss Charlottenburg erreicht. Wir durchwandern das 55 Hektar große Gelände. Spaziergänger begegnen uns, der Tag ist sonnig und kalt. Am Karpfenteich entlang führt der Weg in weiten Bögen zum Teehaus Belvedere, dessen Architekt Carl Gotthard Langhans war, einer der wichtigen Baumeister des preußischen Klassizismus; hier wird eine umfangreiche Sammlung von KPM-Porzellan gezeigt. Brücken überspannen den Luisen- und den Teichgraben. An den Gewässern stehen bewegungslos Reiher, auf ihrer Jagd nach Beute.

Im westlichen Teil des Parkgartens steht das Mausoleum von Königin Luise. Sie, ebenso wie ihr Mann Friedrich Wilhelm III., hielten sich gern in Charlottenburg auf; nach Luises Ableben ließ der König die Grabanlage mit ihrer tempelartiger Giebelfront errichten, der Entwurf stammt von Heinrich Gentz und Karl Friedrich Schinkel. Der marmorne Sarkophag im Inneren trägt, geschaffen von Christian Daniel Rauch, ein lebensnahes Abbild der ruhenden Königin.

Es regnet. Auf den Plüschbänken des Charlottenburger Omnibus sitzt ein halbes Dutzend fröstelnde Gestalten, gleichgültig oder verstimmt, jeder einen abtröpfelnden Alpakka in Händen. Keiner spricht. Ein

*Belvedere, Reiher am Teichgraben, Mausoleum der Königin Luise*

Dunst, wie wenn Wäsche trocknet, nebelt um uns her, und ein Kautschukmantel neben mir ist nicht angetan, die klimatischen Verhältnisse zu bessern. Es regnet, und am Ende mit Recht. Schreiben wir doch den 19. November! Wer mag da Sonnenschein fordern, wenn es ihn lüstet, den Charlottenburger Schlossgarten zu besuchen. Was von den Menschen gilt, gilt auch von den Tagen; man muss sie nehmen, wie sie sind.

(...)

An den leeren Gewehrpfosten vorüber, tret' ich an das halboffene Parkgitter; der Türhüter schüttelt den Kopf. An solchem Tage Besuch! Er scheint die Frage ergründen zu wollen, ob ich Untat gegen mich oder gegen andere sinne.

(...)

Weithin sichtbar laufen die Gänge des Schlossgartens bis zum Flusse nieder, parallel mit ihnen ein Wasserbecken, halb Graben, halb Teich. Die Alleen sind kahl. Nur einzelne Bäume, die windgeschützter standen, halten noch das je nach der Art in allen Herbstesfarben spielende Laub fest; die Eiche goldbraun, die Birke orangefarben, der Ahorn gelb; aber die meisten Blätter fielen ab und liegen an tieferen Stellen zusammengeweht, oder schwimmen auf dem Wasser, das uns bis in die Mitte des Parks

*Westflügel des Schlosses Charlottenburg*

> begleitet. Hier biegt das Wasser (der Teichgraben) plötzlich rechtwinklig ab und durchschneidet den Weg. Eine Brücke führt darüber hin und unterhält den Verkehr zwischen den beiden Ufern.
>
> *(Theodor Fontane: »Wanderungen durch die Mark Brandenburg«)*

Wir nähern uns dem Schloss.

**SCHLOSS CHARLOTTENBURG:** Die vielleicht schönste Feudalarchitektur Berlins wurde von 1695 bis 1699 durch Johann Arnold Nering errichtet, zunächst als ein kleines Lustschloss. Ab 1701, dem Jahr seiner Königskrönung, ließ Friedrich I. die Erweiterung zu einer barocken Dreiflügelanlage mit markantem Kuppelturm vornehmen, verwirklicht hat sie Eosander von Göthe. Den barocken Park entwarf der französische Gärtner Siméon Godeau, später wurde die Anlage im englischen Stil überformt.

Das Schloss hieß zunächst Lietzenburg; der alte Name blieb bei einer Straße und einem Binnengewässer erhalten. Nach dem Tod seiner Frau Sophie Charlotte von Hannover verfügte der König, ihr zur Erinnerung, die Namensänderung des Schlosses und des zugehörigen Ortes.

Das Schloss erhielt noch eine Orangerie sowie eine Kapelle und wurde zum Lieblingssitz fast aller nachfolgenden preußischen Herrscher, die

*Haupteingang des Schlosses*

meisten ließen weitere bauliche Veränderungen vornehmen. Im Ersten Weltkrieg zog ein Lazarett ein. Ab 1925 kümmerte sich der preußische Staat um Erhalt und Nutzung. 1943 zerstörten alliierte Bomben große Teile von Gebäude und Park, die Rekonstruktionen waren 1957 abgeschlossen. Seither finden Ausstellungen statt, die Innenräume können besichtigt werden, zwei Jahre amtierte hier auch der Bundespräsident.

Wir gehen um den Westflügel des Schlosses herum, bis zum Haupteingang mit den beiden Dioskuren. Wir blicken noch einmal zurück auf den großen Ehrenhof mit dem von Andreas Schlüter geschaffenen Reiterdenkmal des Großen Kurfürsten, das seit 1952 hier steht. Wir überqueren den Vorplatz.

Mitte des 19. Jahrhunderts entstanden gegenüber dem Haupteingang auf dem Spandauer Damm zwei Kasernen für militärische Eliteeinheiten, Architekt war Friedrich August Stüler. Die zwei Gebäude auf quadratischem Grundriss, jedes mit einem Monopteros, dienten später als Polizeiunterkünfte, ehe sie, im Krieg beschädigt und nach Kriegsende restauriert, für museale Zwecke genutzt wurden.

**SAMMLUNG SCHARF-GERSTENBERG:** Der östliche Stülerbau beherbergt das Museum Scharf-Gerstenberg, eine bedeutende Sammlung von Grafiken aus mehreren Jahrhunderten sowie von französischer Kunst zwischen

*Denkmal des Prinzen Albrecht von Preußen, östlicher Stülerbau, Sammlung Berggruen*

Romantik und Surrealismus. Otto Gerstenberg, 1848 geboren, war ein erfolgreicher Versicherungsunternehmer. Er kaufte französisches 19. Jahrhundert, außerdem Grafik. Seine Sammlung blieb in Familienbesitz, der Krieg vernichtete manches davon, anderes beschlagnahmten die Sowjets. Gerstenbergs Enkel Dieter Scharf, selbst ein emsiger Sammler, überführte die ererbten Werke und seine eigenen Zukäufe in eine Stiftung.

**HEINZ BERGGRUEN:** Die Sammlung Scharf-Gerstenberg ist so etwas wie eine kunsthistorische Ergänzung zu jenen Werken, die das Museum Berggruen in dem anderen Stülerbau zeigt: Arbeiten der klassischen Moderne, darunter Bilder von Picasso, Klee, Matisse, Cézanne und Plastiken von Giacometti. Heinz Berggruen, Sohn eines jüdischen Geschäftsmannes, ging 1936 zunächst nach Frankreich, dann in die USA, wo er als Journalist arbeitete und 1940 als erstes Bild seiner späteren Sammlung eine kleine Arbeit von Paul Klee erwarb. 1947 kehrte er nach Europa zurück und eröffnete in Paris eine Kunsthandlung. Er war darin sehr erfolgreich. Seine private Kollektion wuchs. Mitte der 1990er Jahre kehrte er nach Berlin zurück und verkaufte seine Sammlung dem Land Berlin. Auf das Museum im Stülerbau war er ziemlich stolz. Noch als alter Mann hielt er sich gerne dort auf und leitete gelegentlich Führungen. Bei einem Paris-Besuch 2007 ist er gestorben. Begraben liegt er, seinem Wunsche gemäß, auf dem Friedhof in Dahlem.

*Bröhan-Museum, Doppelskulptur »United Enemies« von Thomas Schütte, Villa Oppenheim*

Sein Charlottenburger Museum besitzt allein von Picasso über hundert Arbeiten. Ganz richtig heißt die ständige Ausstellung »Picasso und seine Zeit«. 2013 entstanden ein Erweiterungsbau und auf der Hofseite der neu angelegte Bettina-Berggruen-Garten, benannt nach des Galeristen letzter Frau, einer Tochter des berühmten Schauspielers Alexander Moissi. Auf dem Rasen stehen Plastiken von Thomas Schütte.

**BRÖHAN-MUSEUM:** Hinter dem Gebäude der Berggruen-Sammlung, in der Schloßstraße 1a, befindet sich ein weiteres namhaftes Museum. Auch dieses Gebäude war einst eine Militärkaserne. Seit 1983 beherbergt es Arbeiten aus der Zeit von Jugendstil, Berliner Secession und Art déco, vornehmlich sind das Kunstgegenstände, Porzellane und Möbel, ergänzt werden sie durch Grafiken und Gemälde. Der Unternehmer Karl H. Bröhan vermachte 1994 seine private Kollektion dem Land Berlin.

Wir gehen weiter. Beidseits der siebzig Meter breiten Allee, die das Schloss Charlottenburg mit dem Sophie-Charlotte-Platz verbindet, stehen repräsentative Stadthäuser. Wir biegen ab in eine schmale Seitenstraße und stehen vor einer Villa im Neorenaissancestil.

*Schustehruspark an der Villa Oppenheim*

**VILLA OPPENHEIM:** Das Grundstück hat einst Preußenkönig Friedrich Wilhelm II. jenem Kämmerer Rietz geschenkt, dem er auch seine ehemalige Mätresse Wilhelmine überließ. Ein späterer Eigentümer war Moses Mendelssohns Enkel Alexander, der seiner Familie hier einen Sommersitz errichtete. Er nannte ihn »Sorgenfrei«. Sein Schwiegersohn Otto Georg Oppenheim, Nachfahr des hingerichteten Stuttgarter Hofjuden, ließ das Gebäude abreißen und durch einen opulenten Neubau ersetzen. 1911 verkauften dessen Erben Haus und Grundstück an die damals noch autonome Stadt Charlottenburg. Teile der Villa wurden abgerissen und ein kleiner Park angelegt.

Wir durchwandern ihn. Im Herbstlaub flimmert die tiefstehende Sonne. Wir lesen den Hinweis auf das Museum Charlottenburg-Wilmersdorf, das sich in der Villa Oppenheim befindet. Wir sind der Museen ein wenig müde geworden und gehen weiter. Wir werden, ehe wir am U-Bahnhof Bismarckstraße die Heimfahrt antreten, noch das Museums-Café aufsuchen. Dabei beschäftigt uns Franz Hessels Idee, man solle »ein wenig Müßiggang und Genuss lernen und das Ding Berlin in seinem Neben- und Durcheinander von Kostbarem und Garstigem, Solidem und Unechten, Komischem und Respektablem so lange anschauen, liebgewinnen und schön finden, bis es schön ist«.

Hohe Brücke im Schlosspark Charlottenburg

## ADRESSEN ZUR TOUR

**KPM Königliche Porzellan-Manufaktur mit kPM-Café**
Berlin GmbH
Wegelystraße 1
10623 Berlin
Telefon: 030-390 09 0
E-Mail: info@kpm-berlin.com
www.kpm-berlin.com

**Schloss Charlottenburg – Altes Schloss**
und Schlossgarten Charlottenburg
Spandauer Damm 10–22
14059 Berlin
Telefon: 030-320 910
Besucherinformation:
Telefon: 0331-969 42 00
E-Mail: info@spsg.de
www.spsg.de/schloesser-gaerten/objekt/schlossgarten-charlottenburg/

**Neuer Flügel (im Schloss Charlottenburg)**
Spandauer Damm 10-22
14059 Berlin
Telefon: 0331-96 94-200
www.spsg.de

**Neuer Pavillon im Schlossgarten Charlottenburg**
Spandauer Damm 10-22
14059 Berlin
Telefon: 030-320 910
www.spsg.de

**Belvedere**
im nördlichen Parkbereich von Schloss Charlottenburg
Telefon: 0331-96 94-200
www.spsg.de/schloesser-gaerten/objekt/schlossgarten-charlottenburg/

**Käthe-Kollwitz-Museum Berlin**
Spandauer Damm 10
14059 Berlin (Charlottenburg)
Telefon: 030-882 52 10
E-Mail: info@kaethe-kollwitz.de
www.kaethe-kollwitz.de

**Gipsformerei**
Sophie-Charlotten-Straße 17
14059 Berlin
Telefon: 030-326 769 11
www.smb.museum.php

**Abguss-Sammlung Antiker Plastik**
Schlossstr. 69B
14059 Berlin
Telefon: 030-342 40 54
www.abguss-sammlung-berlin.de

**Bröhan-Museum**
Schloßstraße 1A
14059 Berlin
Telefon: 030-326 906 00
E-Mail: info@broehan-museum.de
www.broehan-museum.de

**Museum Berggruen**
Schloßstraße 1
14059 Berlin
Telefon: 030-266424242
(Montag bis Freitag, 9 bis 16 Uhr)
E-Mail: service@smb.museum
www.smb.museum

**Sammlung Scharf-Gerstenberg mit Mueseumscafé**
Schloßstraße 70
14059 Berlin
Telefon: 030-266424242 (Montag bis Freitag, 9 bis 16 Uhr)
E-Mail: service@smb.museum
www.smb.museum/museen-und-einrichtungen/sammlung-scharf-gerstenberg/home.html

**Museum Charlottenburg-Wilmersdorf in der Villa Oppenheim**
Schloßstraße 55 /
Otto-Grüneberg-Weg
14059 Berlin
Telefon: 030-902 924 106
E-Mail: museum@charlottenburg-wilmersdorf.de
www.villa-oppenheim-berlin.de

**Café La Mouche**
Charlottenburger Ufer 1
10587 Berlin
Telefon: 030-239 229 58
E-Mail: info@cafelamouche.com
www.cafelamouche.com

**Restaurant Hoffgarten**
Schloßstraße 60
14059 Berlin
Telefon: 030-370 270 00
Email: info@hoffgarten.de
www.hoffgarten.de

# 9 Was im Verborgenen geschah

## *Olympiastadion und Murellenschlucht*

*Olympiastadion*

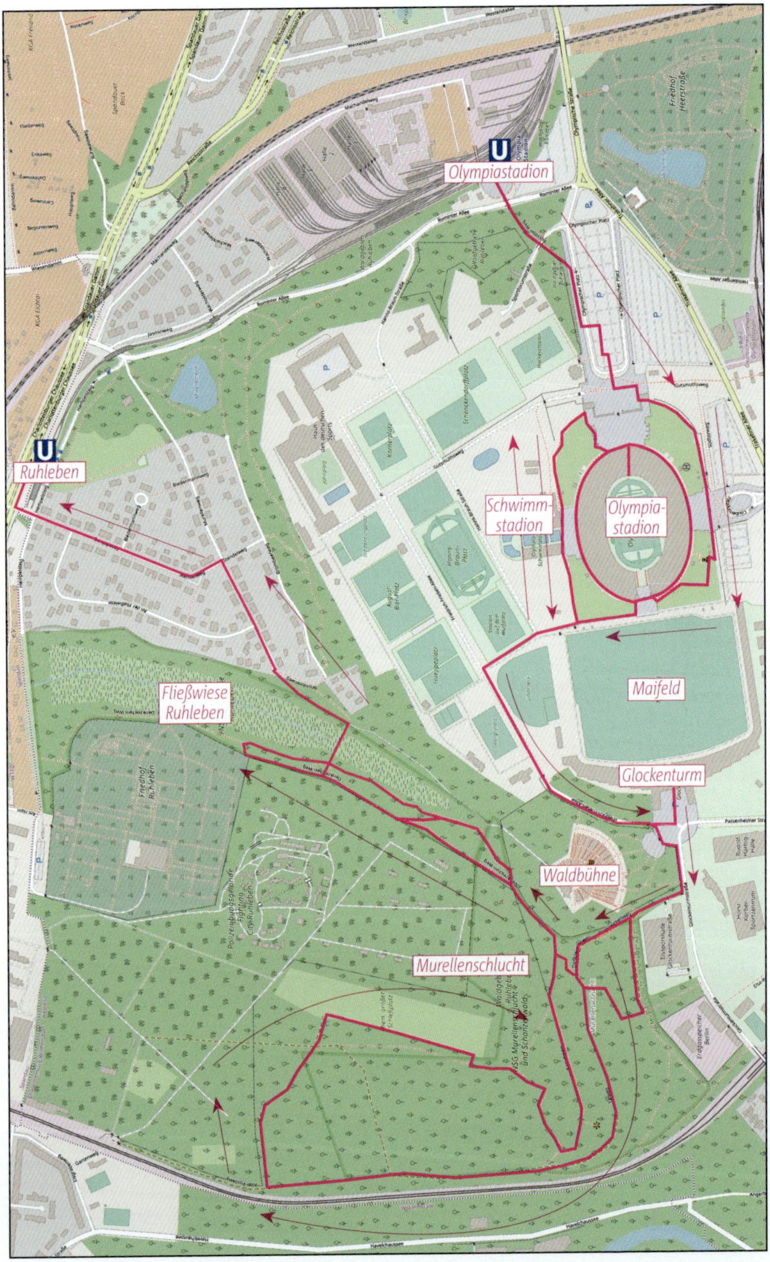
Olympiastadion
Ruhleben
Schwimm-
stadion
Olympia-
stadion
Maifeld
Fließwiese
Ruhleben
Glockenturm
Waldbühne
Murellenschlucht

## SPAZIERGANG KOMPAKT

**Anreise:** U2

**Start:** U-Bahnhof Olympiastadion

**Ziel:** U-Bahnhof Ruhleben

**Abreise:** U2

**Streckenlänge:** 10,8 km

**Verlauf:** Trakehner Allee, Olympischer Platz, Gutsmuthsweg, Südtorweg, Hanns-Braun-Straße, Friedrich-Friesen-Allee, Am Glockenturm, Glockenturmstraße, vor der Eissporthalle nach rechts in den Weg zur Murellenschlucht und Schanzenwald abbiegen, dort der Beschilderung folgen, Fließwiese Ruhleben, Murellenweg, Stendelweg, Charlottenburger Chaussee

**Besichtigung:** Olympiastadion, Olympiaglocke, Skulpturen auf dem Olympiagelände, Glockenturm, Olympiapark mit diversen Trainingsanlagen, Glockenturm mit Ausstellung, Waldbühne, Installation Denkzeichen zur Erinnerung an die Ermordeten der NS-Militärjustiz in der Murellenschlucht, Fließwiese Ruhleben

**Einkehrmöglickeiten:** Imbissrestaurant im Olympiastadion

**Bademöglichkeiten:** Sommerbad Olympiastadion

Mit der U-Bahnlinie U2 fahren wir bis zur Station Olympiastadion. Es ist Frühherbst. Wechselndes Licht fällt auf das erste Herbstlaub. Nahe dem Stadion, am Rande des Grunewalds, liegt ein kleines Naturschutzgebiet, das wir später aufsuchen werden. Zunächst aber zu der Sportstätte. Sie hat eine längere Vorgeschichte.

**OLYMPIASTADION:** Dort existierte zunächst eine Pferderennbahn. Sie war im Berliner Raum nicht die erste ihrer Art, Ende des 19. Jahrhunderts trafen sich vermögende Berliner gerne auf der Anlage im östlich von Berlin gelegenen Hoppegarten. Vom exklusiven Berliner Westen brauchte es bis dorthin um die zwei Stunden Anfahrt. Dieser Weg war viel zu weit, also wurde nach anderen Lösungen gesucht. 1909 eröffnete die von dem Architekten Otto March entworfene Grunewald-Rennbahn mit ihren immerhin 40.000 Plätzen.

Die sechsten Olympischen Spiele neuerer Zeit sollten 1916 in Berlin ausgetragen werden. Hierfür sollte ein Stadionneubau entstehen, auf einem eigens dafür zu suchenden Gelände. Man fand es am Breiten Berg; auf dem Hochplateau mit seinen natürlichen Einschnitten eiszeitlichen Ursprungs sorgt bei Sommerhitze der Wind für Abkühlung, und die zumeist westliche Luftströmung hält die Industrieabgase der Großstadt fern. Otto March lieferte einen Entwurf für das geplante Stadion.

*U-Bahnhof Olympiastadion*

Der geborene Charlottenburger hatte seine Ausbildung an der Berliner Bauakademie erfahren und danach vornehmlich Kirchen und Großbürgervillen entworfen. Im Juni 1913, zum 25. Thronjubiläum Kaiser Wilhelms II., konnte sein Stadionneubau, eingebettet in das Oval der Grunewald-Rennbahn, nach nur zweihundert Tagen Bauzeit eingeweiht werden. Der Architekt war ein paar Wochen zuvor verstorben.

Im Jahr darauf begann der Erste Weltkrieg. Er würde vier Jahre dauern und die sechste Olympiade ausfallen lassen. Marchs Deutsches Stadion diente dafür als Lazarett. Von einer Teilnahme an den Olympischen Spielen 1920 und 1924 blieb Deutschland ausgeschlossen – eine von vielen Folgen des verlorenen Krieges. Der Sportbetrieb im Lande ging freilich weiter: 1925 bezog, nahe dem Stadion, die Deutsche Hochschule für Leibesübungen ein eigenes Gebäude, sie kümmerte sich um Sportwissenschaft, um die Förderung von Spitzensport und die Ausbildung von Sportlehrern.

1928 nahm Deutschland an den olympischen Wettbewerben wieder teil. 1931 vergab das Olympische Komitee die Spiele für das Jahr 1936 nach Berlin. Zunächst war geplant, das Deutsche Stadion lediglich umzubauen, mit der Planung beauftragt wurde Werner March, einer der Söhne von Otto March.

1933 übernahm Hitlers NSDAP die politische Macht. Der Diktator, seinerseits ein Mensch von bildkünstlerisch-architektonischem Ehrgeiz, ver-

*Olympisches Tor, Buddies und Stelen vor dem Olympiastadion*

langte Änderungen an Marchs Plänen und verfügte die Mitwirkung seines Lieblingsbaumeisters, des späteren Rüstungsministers Albert Speer. Die ursprünglich vorgesehene Stahlbeton-Konstruktion verschwand hinter Steinplattenverblendungen. Resultat war ein imperialer neoklassizistischer Bau. Hitler erklärte das gesamte Vorhaben zur Reichssache, benötigt wurde dafür auch ein erheblich größeres Gelände. Otto Marchs Pferderennbahn musste verschwinden, der Pächter wurde enteignet und das Reichssportfeld entstand: Sportforum, Maifeld, Glockenturm, Waldbühne, Langemarckhalle, Hockey- und Reiterstadion, alles in einer Ost-West-Achse angeordnet, mit dem Olympia-Schwimmstadion als Zentrum. Die Kosten waren außerordentlich. Am 1. August 1936 begann die XI. Olympiade.

Der große S-Bahnhof Olympiastadion war Teil der baulichen Inszenierung; zusätzlich gab und gibt es einen Kopfbahnhof für Sonderzüge. Durch eine Unterführung führt der Weg zum Olympiagelände. Wir gehen diesen Weg entlang. Auf dem kahlen Platz vor dem Stadion erklingt hämmernder Technosound. Motoren heulen auf, Reifen quietschen, Bierflaschen klirren. Vor dem Olympischen Tor, zwei hohen Stelen, zwischen denen die Olympischen Ringe hängen, wartet ein Reisebus mit der Aufschrift Schalke 04. Am Wochenende wird ein Spiel der Fußballbundesliga stattfinden, das Stadion ist – noch – Heimstätte des lokalen Clubs Hertha BSC.

*»Diskuswerfer« von Karl Albiker, Schwimmstadion, Einschuss in der Olympiaglocke*

Wir bezahlen Eintritt. Wir betreten das Gelände und beginnen unseren Rundgang auf der rechten Seite. Dort steht eine von dem Bildhauer Karl Albiker verfertigte Skulptur aus grauem Travertin, zwei nackte Athleten mit Diskus in der Hand. Der bildnerische Schmuck auf dem Reichssportfeld sollte, teils mit antiken Motiven, die ästhetischen Ideale der Nazis repräsentieren; Bildhauer waren, neben vielen anderen, Arno Breker und Georg Kolbe.

**ARNO BREKER, GEORG KOLBE:** Von Hause aus waren beide keine Nazis. Kolbe, spätestens seit 1912 populär durch seine anmutige Plastik »Die Tänzerin«, hatte sich später auf den Expressionismus eingelassen, der nach Nazi-Einschätzung »entartet« war und verfemt wurde; 1933 näherte er sich dem Hitler-Regime, zu einer völligen Identifikation führte das nicht. Er blieb ein geschätzter Künstler, den von Hitler bevorzugten Monumentalismus verweigerte er. Sein Atelierhaus in Westend steht bis heute Besuchern offen und wird für Ausstellungen genutzt.

Anders als Kolbe lieferte Arno Breker monumentale Arbeiten in beträchtlicher Zahl. Auch er hatte sich zunächst in Kreisen der internationalen künstlerischen Avantgarde bewegt, war längere Zeit in Paris ansässig und verkehrte dort mit Künstlern wie Vlaminck und Man Ray, weswegen er den Nazis anfangs als dekadent galt. Er kehrte nach Deutschland zurück, auch auf Betreiben Max Liebermanns, dem er später sogar die Totenmaske

*Umgänge und Treppen im Olympiastadion*

abnahm. Dann ließ er sich auf Hitler ein und wurde Parteimitglied. Seine Plastiken zeigten Prototypen des von den Nationalsozialisten verherrlichten nordischen Menschen. Sie haben seinen Ruf nachhaltig beschädigt. Dass er nach 1945 Porträtplastiken von Großindustriellen anfertigen konnte, auch von dem prominenten Sammlerehepaar Ludwig, dass die Wagner-Büste auf dem Bayreuther Festspielgelände von ihm stammt und er eine beträchtliche Anhängerschaft in Frankreich behielt, widerspricht dem nicht.

Wir stehen vor einer Glocke. Sie zeigt Spuren eines Durchschusses und einen Riss. Als Olympiageläut hing sie einst im Glockenturm über der Langemarckhalle, am Westrand des Maifeldes; Langemarck war der Ort einer überaus blutigen Weltkriegsschlacht, in der viele deutsche Kriegsfreiwillige fielen, was später umgedeutet wurde zum Opfergang junger Soldaten. Dem wollten die Nazis ein Denkmal setzen.

Über Gänge im Erdgeschoss und eine Treppe geht es in die oberen Ränge des Stadions. Kahle Wände. Grauer Kalkstein und gleichförmige Säulen mit stählernen Feuerhaltern bestimmen das Bild. Es riecht nach Currywurst. Hier gibt es ein Selbstbedienungsrestaurant und einen Shop für Fanartikel von Hertha BSC.

Das Hamburger Architekturbüro Gerkan, Marg und Partner betreuten den Umbau des Olympiastadions für die Fußball-Weltmeisterschaft 2006.

*Feuerschale, Ränge und Dach des Olympiastadions*

Für eine Viertelmilliarde Euro aus öffentlichen Mitteln erhielt das Stadion ein Dach, zusätzliche Sitzplätze und eine blaue Tartanbahn. Hertha BSC verfolgt neuerdings Pläne für den Bau eines eigenen Stadions.

Wir kommen vorbei an Resten des ersten Stadionbaus und am Schwimmstadion. Nicht alle Anlagen wirken gleichermaßen gepflegt, zwischen bröckelnden Steinplatten wuchert Unkraut. Wir gehen zum sogenannten Frauentor und gelangen zum Olympiagelände.

Eine Straße hier trägt den Namen von Gretel Bergmann, eine Hochspringerin jüdischer Herkunft. Zunächst für die Olympiade nominiert, wurde sie dann doch nicht zugelassen, aus antisemitischen Motiven. Bei einer anderen Sportlerin, der jüdischen Florettfechterin Helene Mayer, zeigten die Veranstalter sich nachgiebiger: Die »blonde He«, wie man sie nannte, durfte antreten und errang eine Silbermedaille.

Überhaupt wollte die Olympiade von 1936 das Deutschland Adolf Hitlers als vergleichsweise großzügiges, vor allem aber erfolgreiches und machtvolles Land präsentieren, was weithin gelang. Ausländische Sportler zeigten bei ihrem Einmarsch in das Stadion den Hitler-Gruß. Umgekehrt war der am meisten gefeierte Leichtathlet ein Afroamerikaner, der Läufer Jesse Owens. Selbst kommunistische Sportler, so der Ringkämpfer Werner Seelenbinder, traten an; Seelenbinder war im Widerstand engagiert, wurde 1942 verhaftet und im Zuchthaus Brandenburg hingerichtet.

*Stadionnebengebäude, »Rosseführer« von Joseph Wackerle, Reste des ersten Olympiastadions*

Sport kostet Geld. Gewöhnlich das Geld desjenigen, der ihn betreibt. Es gibt ja Champions, die werden von den Unternehmern bezahlt – und die holen das Geld hundertfach wieder herein vom neugierigen Publikum. Aber wenn unsereiner, so der bescheidene Privatmann, einen Sport betreibt, dann kostet er unser Geld. Ausstattung und Kleidung und Zeit und Fahrgeld und Miete für den Platz und all das. Und wir haben dann den Spaß und das Vergnügen davon.

*(Kurt Tucholsky: »Sport«)*

Jauchzend steigt die Olympiade,
Olympiade unsrer Zeit!
Alles wartet der Parade.
Chöre harren klangbereit.

In Begeisterung sich heben
Muss beim Anmarsch solcher Macht
Rechts und Links das Volk. Es beben
Ihre Herzen welterwacht.

*Waldbühne, Ausstellung im Inneren des Glockenturms*

Nur mit Geist kann Leib gedeihen.
Geist erstarkt an Mut und Kraft.
Einen beide sich, dann weihen
Leben sie, das Leben schafft.

Nicht der Zorn soll Muskeln schwellen,
Aber jugendheißes Spiel.
Tretet an, ihr Kampfgesellen!
Zieht mit Gott zum edlen Ziel.

*(Joachim Ringelnatz: »Olympische Hymne«)*

**LENI RIEFENSTAHL:** Über die Spiele von 1936 existiert ein zweiteiliger Dokumentarfilm, aufwendig hergestellt von der Regisseurin Leni Riefenstahl. Ihre Bilddramaturgie, ihre Lichteffekte und ihre Montagetechnik, erprobt bereits in ihrer filmischen Dokumentation des Nürnberger Nazi-Reichsparteitags, galten und gelten als ästhetisch bemerkenswert. Es gab den Film auch in einer englischen und einer französischen Version, Riefenstahl reiste damit 1938 in die USA; kurz vor ihrem Eintreffen dort hatte die Reichspogromnacht stattgefunden und machte ihren Ausflug zu einem Desaster.

*Olympiastadion, Maifeld und Corbusierhaus Berlin vom Glockenturm aus*

Die Aussichtsplattform des Glockenturms lässt sich mit einem Fahrstuhl erreichen. Die Fernsicht dort oben ist eindrucksvoll. Unten im Bau dokumentiert eine vom Deutschen Historischen Museum verantwortete Ausstellung die Geschichte des Geländes und der Spiele von 1936, zum Teil mit eindrucksvollen Filmdokumenten.

Dem Glockenturm gegenüber, in einer Biegung der Murellenschlucht, liegt die Waldbühne. 1936 fanden dort die Turnwettkämpfe statt. Inzwischen ist dies ein beliebter Ort für sommerliche Veranstaltungen vor allem musikalischer Art.

**MURELLENSCHLUCHT, SCHANZENWALD:** Ein schmaler Wanderweg führt über Stufen steil bergab in die Murellenschlucht und zum Schanzenwald (Murelle oder Morelle ist ein alter Name für Sauerkirschen). Zwischen den Murellenbergen und dem Talkessel besteht ein für Berliner Verhältnisse beträchtlicher Höhenunterschied von 90 Metern. Wir sehen Wildbruch. Umgestürzte Bäume liegen umher.

Seit der Mitte des 19. Jahrhunderts wurde das Gelände für Schießübungen genutzt. Die NS-Militärjustiz ließ hier ab 1944 über 230 Wehrmachtsdeserteure und politische Häftlinge erschießen.

Erst seit 2002 erinnert eine aufwendige Installation aus konvexen Spiegeln daran, mit auf der Oberfläche eingravierten Texten, die Urteile und

*Denkzeichen, Treppe mit Denkzeichen, Murellenschlucht*

Berichte von Zeitzeugen zitieren. Die Idee dazu stammt von der argentinischen Künstlerin Patricia Pisani.

Auf sumpfigen Wegen durchqueren wir die Fließwiese Ruhleben, an deren Rändern Einfamilienhäuser mit Gärten stehen. Dann gelangen wir zum U-Bahnhof Ruhleben und fahren von dort zurück in die Innenstadt.

*Fließwiesengraben Ruhleben*

## ADRESSEN ZUR TOUR

**Olympiastadion Berlin**
Olympischer Platz 3
14053 Berlin
Telefon: 030-306 88 100
Infohotline: 030-306 88 888
E-Mail: info@olympiastadion.berlin
www.olympiastadion.berlin

**Olympia-Glockenturm**
Glockenturmstraße 1
14053 Berlin
Telefon: 030-305 81 23
E-Mail: info@glockenturm.de
www.glockenturm.de

**Sommerbad Olympiastadion**
Olympischer Platz 3
14053 Berlin-Charlottenburg
Telefon: 030-221 90 011
und 030-787 32 22 40
www.berlinerbaeder.de/baeder/sommerbad-olympiastadion

**Waldbühne Berlin**
im Olympiapark
Glockenturmstraße 1
14053 Berlin
Telefon: 0180-657 00 70
info@waldbuehne-berlin.de
www.waldbuehne-berlin.de

**Denkzeichen zur Erinnerung an die Ermordeten der NS-Militärjustiz in der Murellenschlucht**
Zugang zur Schlucht links neben der Waldbühne, in der Murellenschlucht den Beschilderungen mit konvexen Spiegeln folgen
www.denkzeichen-am-murellenberg.de